子育て

みんな好きなようにやればいい

山田真

太郎次郎社エディタス

まえがき

「小児科医として、三人の子どもの父親として育児について書いてみませんか」

　こんな誘いかけを受けたことは、これまでなんどもありました。でも、そのたびにぼくは固辞してきました。

　かつて『はじめてであう小児科の本』（福音館）をだしたときも、読者からのおたよりのなかに「子育てをどんなふうにしたらいいのか書いてないのはなぜですか。つぎの機会には、ぜひ、書いてください」といったものが何通かありましたが、「ぼくは育児について論じることはしません！」とかたくなに避けてきました。子育てなんて、みんな好きにやればいいんだ、正しい子育てなんてあるわけないんだから、小児科医なんかが偉そうに育児論なんて述べたてるのはまちがいなんだとツッパって、育児について語らないことを一つの誇りのようにもしてきたのです。

　それが今回、禁を破ることになってしまいました。ちょっとした心境の変化ということでしょうか。なにが心境の変化をもたらしたかといえば、やはり「育児論」の氾濫《はんらん》という現象だと思います。「母親がしっかり育児をしないと、将来、たいへんなことになる」という脅しやら、叱咤激励やらを雨あられとあびせかける育児雑誌、そして、育児の専門家たち。そんななかで、

「どうしてそんなにお節介《せっかい》をするの。子育てなんて自分流で楽しくやればいいんだから、〝専門家〟がいいかげんな仮説で親にあれこれいうのはおかしいでしょ」とつぶやきつづけてきましたが、無責任な専門家たちは、こちらがおとなしくしているのをいいことに、ますます親たちを追いこんでいきます。「コンチクショー、もう黙っちゃいないぞ」という気分になっていたところへ、タイミングよく誘いかけがあって、ぼくは重い腰をあげたのでした。いってみれば、勘忍袋からとびだしたのが、この子育て話というわけです。

この本のもとになったのは、東京は本郷というところにある遠山会館という場所で、十人ほどの聴き役のみなさんをまえに六回（本の構成は八話になっていますが）にわたってお話しした記録に大はばに手を加えたものです。手を加えたというよりは書きおろしといったほうが当をえているぐらい、もとの記録に加筆していますが、ぼくのいいたいことの内容は変わっていません。しかし、もとが講演録であるため、おなじ内容がなんどか重複してでてくるところがあります。そこは、ぼくが強調したかった点ということでお許しいただきたいと思います。

では、みなさん、遠山会館の小さな一室に集まったつもりになって、しばらくのあいだ、ぼくの子育て話におつきあいください。

山田　真

目次

第1話 ぼくはネアカな〝町のお医者さん〟

●九代つづいた医家の一人っ子

のどかだった少年時代

いよいよこれから数回にわたってぼくの子育て話をするわけですが、いままで子育てについてあらたまって話したことがないので、ちょっと緊張しています。自分の育児体験を話すのはとても気はずかしいものですから、なるべくさけていたのですが、どうも最近、子育てについて世間でやたらかまびすしくて、「ちゃんとした子育てをしておかないと、将来、子どもがたいへんなことになる」などと脅かす専門家も多いようです。そこで、プロの小児科医だってこんないいかげんな子育てをしているんだってことを知ってもらったら、お母さんやお父さんたちの気がラクになるかなあと思ってやっとおみこしをあげました。でも、やっぱりちょっと照れくさい。緊張で足も少しふるえているようです。でもまあ、とにかく始めることにしましょう。

ところで、最初にお断わりしておかねばなりませんが、ぼくの子育てについての考え方は、世間一般の平均的な考え方とはちがって、かなり風変わりなものであるようです。おいおい話していきますが、ぼくのような考え方は欧米あたりのお医者さんだとふつうらしく、そんなに風変わりなものではないはずなのですが、日本ではなお少数派ということのようなのです。

少なくとも育児雑誌などで、ナントカ大学の小児科教授なんていう人が、「子育てはこうあるべき」なんて得とくと語っている内容とははっきりちがっていると思います。ぼくは「あるべき子育て」といったものが普遍的なものとして存在するなんて思っていませんし、どんな育て方をしたってうまく育つときは育つし、うまくいかないときはうまくいかない、子育ての失敗とか成功とかいわれるものは運みたいなもので、しかも、その失敗や成功というのも、それぞれの親の価値観によってどちらにも考えられてしまうような、相対的なものだと思っているのです。だから、「こんな育て方でいいのかしら」と悩んでいる親にたいしては、「好きなようにやってみたら。好きなようにやってみることに自信をもちなさいよ」といってあげたいのです。

医者をはじめとして育児の専門家ぶってお説教をたれるような人たちが、「このごろの母親はだめだ」なんて批判したりすると、「オメエに母親を非難する資格があるのかよ」といってやりたくなります。医者と患者のあいだでモメているときは基本的に患者を応援しよう、小児科医と母親がモメているときは母親を応援しようと心に決めているのですが、困ったことにぼく自身は医者ですから、そこんところでジレンマに陥るわけです。

まあ、そういうジレンマをできるだけ洗いざらいさらけだしちゃおう、というのが今回の試みであるわけですけれども、最初にぼくがどうしてこういう考え方になったのかを、自分史をお話しすることでわかっていただこうかなと思います。

で、はずかしいのですが、あんまりカッコよくない自分史を開陳してみます。

ぼくは一九四一年、岐阜県の美濃市というところで生まれました。日本があの悲惨な戦争に突入する半年ほどまえのことです。美濃市というのは岐阜市から約二〇キロ、長良川の上流にそった人口三万ほどの町です。四方どちらを向いても山が見えるという、そんな田舎町で、代々医者をしている家の一人息子でした。

父は軍医として従軍しており、母と二人暮らしでしたが、母は病弱で、ぼくもまた病弱、母子でささえあって生きるような、そんな母子一体化した生活でした。ぼくは甘ったれで、わがままで、マザコンで、無器用でといろいろ欠点がありますが、やっぱり一人っ子というのがよくなかったみたいです。しかし、母が病弱で一人しか生めなかったのですから、一人っ子もやむをえないわけで、やむをえない一人っ子にたいして「一人っ子はよくない」と糾弾されるのも理不尽な話です。

まあ、一人っ子でもこのていどには育つのだということで、一人っ子の親御さんが安心してくだされば、ぼくもうれしいのですが、「やっぱり、ああなるんじゃ困るわ」ということで、かえって不安を増大させちゃうかもしれませんね。

とにかくぼくの子ども時代はしょっちゅう病気をしていたので、寝床のなかでの生活がとても大きな比重をしめていました。幼児期に重い肺炎で死にかかったのをはじめ、なんだかかぜをひいて熱ばかりだしていたように記憶しています。小学校へはいってからも欠席が多くて、一年生の一学期などは三分の一ぐらいは休んでいました。でも、当時の学校は少々欠席しても勉強が遅れるというようなことはない、のどかな時代でラクでした。

　話が横道にそれますが、ぼくが小学校に入学したのは一九四七年、元号はきらいですが、わかりやすいということでやむをえず使えば、昭和二十二年、戦後民主主義がせいいっぱい花開いた時期で、学校もとてものどかでした。一年生のときの担任は女の先生で、若く美しく、ぼくたちは「白雪先生」と呼びました。当時、原節子の主演で「白雪先生と子どもたち」という映画があり、その白雪先生の雰囲気とそっくりだったからです。

　ぼくたちの白雪先生は夏休みのあいだにどこかの男性とかけ落ちして東京へ行ってしまいました。で、ぼくたちはたった一学期を受けもってもらっただけなんですが、それでも強烈な印象があって、ぼくは大学に入学して東京に住むようになったころ、その先生をたずねて行ったほどです。先生が東京で職につかれたのが杉並区のW小学校だと、一年生のころに聞いたのをおぼえていて、そこまで行きました。十二年もたっていましたから、もちろん先生はその学校にはおられませんでしたが、おなじ区内のM小学校におられて会うことができたのです。

　ところで、ぼくの隣のクラスはもっと若い女の先生が担任していましたが、この先生は別のクラスを担任している若い男の先生と恋人関係にあって、二つのクラスをいっしょに体操させては、そのあいだ自分たちは校庭の柳の下でイチャイチャしていました。

　かけ落ちする先生といい、柳の下で恋を語らう先生といい、なんとものどかでステキだったなあとなつかしく思いだします。

とにかくそんな学校で、ぼくは優等生としてゆうゆうと生活していました。後年、大学受験に失敗して一浪するという経験があったからよかったものの、もしあのまま優等生をつづけていたら、いまごろは挫折を知らないいやな奴になっていたんだろうなあと、ちょっと肌寒い思いがします。

小学校・中学校は美濃市内でしたが、高校は岐阜市まで電車通学しました。小学校のなかば、年齢でいえば、ちょうど十歳になるころからぼくは「病弱な少年」を脱しまして、おおむね健康で学生生活をすごしていきました。

大学闘争に参加し、無期停学に

一浪して東大へはいったのが一九六一年、ちょうど安保闘争が終わって大学は静かでした。ぼくは政治にはまったく興味がなく、安保世代に遅れたなんていう挫折感もまったくありませんでした。毎日、マージャンにウツツをぬかすいいかげんな大学生活でしたが、医学部へ進むころになると、なんとなくまわりがザワツキはじめ、ぼくも多少はマルクスやレーニンなんぞをかじるようになりました。

一九六六年、医学部の最終学年になったころ、まわりでインターン闘争というものがさかんに闘われるようになり、ぼくもなんとなく巻きこまれていきました。革命なんてコワイ話にはついていけない右翼的な学生だったんですが、ほんの少しばかりヒューマニスト気どりのところがありまして、それで闘争のなかへ足を踏みいれたのです。

一九六七年、卒業を三か月後にひかえて、ぼくたちはストライキにはいりました。短期間で終わるはずだったストライキは思いがけず六十余日にもおよび、ぼくたちの卒業は二か月ほど延びることになったのです。ところが、このストライキの途中に、スト破りをしてクラスから抜けていった同級生が六人おり、彼らの処遇をめぐってぼくたちと医学部当局とのあいだでトラブルが起こりました。

ところで、学生のあいだには自治会というものがあり、これが学生の政治活動の場になっていましたが、ストライキ以後、ぼくたちは新たに青年医師連合という組織をつくって、スト破りした人以外は全員こちらに加入していました。ぼくはこの略称「青医連」の委員長になっていまして、その任期中にトラブルが起こったものですから、なんと卒業式の前日に無期停学処分を受けてしまいました。

このとき、医学部当局は「これは教育的処分である」といいましたが、ぼくにはそれがどういうことなのかよくわかりませんでした。しかし、あとになって考えてみますと、これはまさに教育的処分であったと思わざるをえません。

というのは、さっきもいいましたように、ぼくは岐阜の山奥で育ちまして、そこでは東大なんかに合格するというのはたいへんなことでしたから、ぼくはずいぶん天狗になっていました。

町で評判になっているなどと聞いて鼻高々でもありました。また、ぼくの家は九代も町医者をしているという地方の名家で、ぼくの母親などは、「十代目にして山田家の名をあげてほしい。東大の教授になってくれれば申しぶんない」という過大な期待をかけていまして、ぼくはぼくでのんきに「うん、期待に答えてやろうか」なんて考えていたのです。

しかし、実際には、大学へ入学して以後はマージャン・パチンコ・映画と遊びまくっており、これではとても将来の希望はもてないわけですが、「なーに、そのうちがんばれば、エリートになれるだろう」とタカをくくっていたんですね。そんなところへ思いがけずの無期停学。「ああ、これでもう将来は決まった。たいして偉くはなれそうにもない。のんびり生きていくことにしよう」と考えたわけです。

ぼくと同級生のHとの二人が無期停学となりましたが、周囲はもう「闘いは終わりだ」という気分になっていまして、処分を撤回させるための闘争もできず、ぼくらはおとなしくしていました。そのおとなしさが大学に認められて、処分は五か月で解かれ、ぼくらは卒業しました。卒業後は小児科へ行ってボツボツ勉強していましたが、翌年三月になると、ぼくたちの一年下の学生がストライキにはいり、また落ちつかなくなりました。

そのうちに医学部闘争はだんだんエスカレートして東大全学をあげての闘いになりました。ぼくも自分なりに考えたり、本を読んだりして、「もうやるっきゃない」という気分になっていきました。それにしても、いま考えると、恵まれた時期に生きてきたと思います。

医学部の一年生のとき、ぼくは鳥取で開かれた「医学生ゼミナール」という集会に出席しています。「医学生ゼミナール」というのは、各大学の医学部自治会が連合した組織である全日本医学生連合が、一年に一度ひらく全国の医学生のための勉強会です。ぼくが医学部一年生のときですから一九六三年ということになりますが、この年のゼミナールの講演者はじつにすごい顔ぶれだったのです。哲学者の竹内芳郎さん、生物学者の柴谷篤弘さん、経済学者の西村豁通さんというライン・アップで、これは、いま考えれば、ほんとうにすごいんですよ。なかでも、西村さんが社会保障制度について語られたのがぼくにとってひじょうに身近で、福祉というものをとらえなおす契機にもなりました。竹内さん、柴谷さんのお話も、ぼくの心の深いところにかなりの影響を与えたはずです。

竹内さん、柴谷さんの著作はいまも読みつづけ、多大な刺激を与えつづけられていますが、最近、竹内さんの書かれた『ポスト=モダンと天皇教の現在』(筑摩書房)という本を読んでいましたら、つぎのような部分がでてきてびっくりしました。

私はといえば、私がはじめて公けの場で明確に〈科学批判〉を呈示した一九六三年十一月第九回全国医学生ゼミナール総会講演「人間の全体性について」いらい、今日にいたるまで、一貫して①、②、③を不可分のものとして連結しつつ科学批判を追求してきた。

これは引用文ですから、この①②③がさすものは、この文章のまえの部分にでてくるわけですが、しかし、さしあたりそれを紹介するのはぼくの意図するところではありませんから省きます。とにかく、竹内さんという偉大なる思想家がはじめて公の場で呈示された科学批判を聞くことができるというしあわせに、ぼくは恵まれていたということをいいたいのです。そして、このような経験の積みかさねが、その後のぼくの生き方にかなり影響したといえるだろうと思うのです。

さらにその後の東大闘争のなかで、ぼくは自分を見つめ、世の中を見つめ、「自分のこれまでの生き方はなんだったのだろう」「これからどんなふうに生きていくべきだろう」と深く考えさせられたのです。もともとチャランポランで遊びずきで、ネアカが取り柄といったぼくのような人間にさえも、じっくりとものを考えさせるような、そんな時代だったといえるでしょう。

町医者の内弟子にあこがれて

ぼくは東大闘争が終わるまで闘争につきあいました。闘争が終わって、大学がふたたび静かになっていくなかで、さて、これからどうしようかと思案しました。大学に残るのもなにかむなしい気がする。大学をでて、どこかの病院にでも勤めようか、そんな気分になってきました。

そこでひょっと思いうかんだのが松田道雄さんです。あの『育児の百科』（岩波書店）で有名な、ステキな町医者、お母さんたちの味方としてがんばってこられた小児科医の松田さんですね。

でも、どうして松田さんの名まえが浮かんできたのでしょう。それはどうも母から聞かされていたからのように思うのです。

母はぼくをなんとか医者にしようとずっと心がけていたようで、医学にかんする話をよくしてくれました。父は皮膚科が専門で、皮膚病に使うぬり薬は自家調整していましたが、漢方などは使わず、近代医学一本槍の町医者でした。しかし、母は民間療法も好きでした。当時、日本中のほとんどの家庭におかれているのではないかといわれていた、簗田多吉という人の『家庭における実際的看護の秘訣』（研数広文館）という民間療法の宝典みたいな本がありましたが、母はその本の熱心な読者でした。この本は表紙が赤いので赤本といわれ、いまでも千何百版という驚くべき増刷を重ねている本ですが、母はなにごとにも、「簗田さん、簗田さん」といっては、その赤本にでてくる治療法を実践していたように記憶しています。

ぼくが九歳のころから、母は入浴のたびに、ひねしょうがをおろし金でおろしたものをタオルにくっつけてぼくの背中をゴシゴシとこすったものでした。これは簗田流の健康法だったらしいのですが、ほんとうにこのころから、ぼくはじょうぶになりました。

しかし、いま考えてみると、九歳から十歳という時期は六歳ごろと並んで、ちょうどからだが変わっていく節目みたいなときですから、それまで弱かった子どもがじょうぶになるなんてことはよくあるんですね。しょっちゅう扁桃炎になって熱ばかりだしていた子どもが、十歳ぐらいになったらぜんぜん熱をださなくなった、というようなことはちっともめずらしくないんです。ですから、ぼくもそういうことだったのだろうとは思うのですが、でも、当時は母の「ひねしょうが療法」でよくなったと信じていて、それはそれでよかったのだろうと思います。

話が少しそれましたが、とにかく母はよく医学の話をしてくれたものです。そのなかに、以前、東京の愛育病院という病院の院長さんだった内藤寿七郎さんとか、京都で開業しておられた松田道雄さんとかいう著名な小児科医の名まえもでてきていたようなのです。それでぼくは、自分で勝手に松田さんのイメージをふくらませて、いずれ弟子にしてもらいたいなあなどと考えていたのでした。

弟子といっても松田さんは開業医ですから、もし弟子いりするとなれば、松田さんの家に住みこんで拭き掃除だとか庭掃除だとかを手伝いながら、ときどき松田さんの診察ぶりを盗む、とまあ、こんなかたちを考えていたんです。これはきわめて古くさい書生スタイルで、大学闘争まで闘った近代的な人間がこんなことを考えてしまうんですから、お笑い草というしかありません。でも、なかば本気でこんなことを考えていたのです。ところが、人の噂によると、どうやら松田さんは町医者稼業をやめて文筆生活にはいっておられるという話で、それじゃあしようがないと簡単にあきらめてしまいました。

そんなこんなではっきりと将来のことが決まらないでいましたら、上野のR診療所で働いてみないか、と友人から誘いがかかったのです。どこでもいいから腰を落ちつけて医者修業をしたいと思っていたところでしたので、あっさりとその誘いにのったのですが、このR診療所で医者としての第一歩を踏みだしたということは、ぼくにとってまことに大きな意義をもつこととなりました。

下町の診療所で医者修業

R診療所は上野公園のなかにある不忍池《しのばずのいけ》に向かいあって位置していました。木造バラック建てという簡素な診療所でした。この診療所のすぐ裏に、台東区福祉事務所池之端分室がありまして、ここはもっぱら上野駅、あるいは上野公園周辺の路上生活者である「浮浪者」と呼ばれる人たちの相談窓口になっていました。彼らは生活や健康の問題についてここへ相談にくるのです。

一九六九年ごろといえば、上野駅周辺には家のない人たちがたむろしていました。上野には国鉄のほかに私鉄の京成線が走っていまして、昔は国鉄の上野駅から京成線の上野駅へ通ずる地下道はこういう人たちの住む家のようになっていたのです。やがて国鉄の駅も京成の駅も改装され、美しくなるとともに、こういう人たちは追いだされるようにしてここを離れて行き、いまではすっかり見かけなくなってしまいましたが、当時はおおぜいいいました。上野は東北などから出稼ぎの人、あるいは家出した青年といった人たちが上京して降りたつ駅です。駅の周辺には仕事の手配師などが獲物をねらうかのようにうごめいていました。

とうとつに話がとびますが、奥平康弘さんという憲法学者をご存知でしょうか。東大教授ですが、人権問題などで示唆に富む発言をしておられ、ぼくはその著作を愛読しているのですが、その奥平さんの『ヒラヒラ文化批判』（有斐閣）という本のなかにつぎのような一節があります。

上野の山での勧誘

いちばんはじめには、びっくりした。見知らぬ、私同様人相のよくない男が近づいてきて、やにわに「おい、あるぞ」とささやいたのであった。私は「えっ？」と問い返すほかなかった。件の男がふたたびいう。「仕事、あるぞ」。ようやくにして私は、自分のおかれている状況を了解した。要するに、私は、この男から、働き口を勧誘されつつあったのである。そうとわかって「いや、間に合ってる」と反応したら、男は、なんだという顔をして未練気もなく立ち去っていった。

ころは六、七年まえ、季節はたぶん秋だったと思う。ところは、東京・上野の山のうえ。国鉄上野駅の公園口から東京文化会館のわきを抜けたところにある清水観音堂の近辺である。私は上野の山を越え、不忍《しのばず》の池をへて、本郷の大学へゆこうとしていた。この辺は、学生のころから、文字どおり通い慣れている道筋である。

私は、六、七年まえには、少しまとまった時間がとれれば書籍、資料をかかえて信州の外れの山小屋に出かけ、そこにとじこもって仕事をこなすのを、例にしていた。出かけるときも帰って来るときも、両手には文献などつめこんだ紙袋がぶらさがっている。こうばあい、服装はといえば、相当にラフであり、きたなくはないはずだが、見栄えがしないのは間違いない。足まわりは、ときにはゴム長靴ということになる。一見明らかに、人品卑しいオジンではある。出稼ぎのため、いまさっき上野駅にたどりついたばかりと、そのみちの専門家に判断される態のものであったようである。

さっきのべたように「おい、あるぞ」と言い寄られてすぐには、なにをいわれているのかわからなかった。当方がうかつであったからだということになろう。しかし、当方は、第一に当時すでに五〇歳を間近かにひかえた初老の男、第二にしかも――宣伝する気は毛頭ないが――身長、体重その他の肉体条件はすべて普通以下の、貧相な身。そとを歩いていて、よもや他人様から働き口の勧誘にあずかることになるとは、夢想だにしなかったとしても、無理からぬものがあるのではなかろうか。

ところが、おなじような出来事が、一度だけでなく、その後いく度もあった。つまり、私が――〝ペイパーバッグ・レディ〟(紙袋おばさん)というういい方に倣っていえば――〝ペイパーバッグ・オジン〟として上野公園付近にまかり出ると、どこからともなく働き口の勧誘者が現われてくるという体験を、再三ならずしているのである。二度目は私ももうそんなに驚かなかった。三度目以降からは、むこうから近づいてくるや、私のほうから先制攻撃をかけて「おれ、仕事もってる」といってしまえるようになった。

あんまりおもしろい文章なのでタップリと引用してしまいましたが、とにかくこういう風景が上野には存在したのです。「おれ、仕事もってる」といえない出稼ぎの人たちは、こういう手配師に誘われるままに飯場などへはいっていきます。そこはタコ部屋みたいなところが多くて、ある期間、土木工事などに携わってまとまったお金を手にしても、飯場内で開帳されているインチキ賭博に誘われてスッテンテンに巻きあげられてしまったりするわけです。一文なしでは故郷にも帰れず、そのまま飯場に居すわってしまうことになります。

そうこうするうちに苛酷な労働によってケガをしたり、からだを悪くしたりして働けなくなります。働けなくなれば、もう浮浪者として生活するしかありません。こんな転落の道をたどった人が、上野駅周辺にはたくさんいたのでした。そういう人が福祉事務所へ身の上相談にやってきて、そこで「からだを悪くしているのではないか」と疑われると、診療所のほうへ紹介されてきます。そこで医者が診察して入院が必要な人は入院させ、通院でよい人には薬をだします。

R診療所は二十ほどのベッドを持っていて入院もできましたが、入院している人はすべて上野駅界隈の浮浪者か山谷という地域で生活する日雇い労働者のいずれかでした。

「最初に会ったときは、こんなナマッ白《チロ》い、坊やみたいな医者、二、三か月も勤まりゃいいほうだと思ったけど、ずいぶん長いことといることになってしまったねえ」

これは、その診療所に以前から勤めている古参格のAさんという看護婦さんが、後年、述懐していったことばです。

じっさい軟弱な外見で、しかも外見どおりに体力もないぼくが、こういう修羅場みたいな診療所でよく勤まったなあといまになって自分でも思いますが、どういうわけか、ぼくの肌にたいへんよくなじむ診療所だったのです。種々の事情でこの診療所が閉鎖されるまでの三年ほどを、ぼくはここですごしました。もし閉鎖されなければ、いまでもそこで仕事をしていたように思われ、そうなれば、その後のぼくの人生もいまとはかなりちがっていたのではないか、という気もします。

この診療所での経験には語りつくせぬほどのものがあり、おもしろおかしいエピソードもたくさんあるのですが、ここでそのあたりの話をしていては、本来の子育て話がどこかへとんでいってしまいますから、いまは涙をのんでほとんどを割愛することにします。そこで、きょうは、この診療所で仕事をして、ぼくが学んだいちばん大きなものはなんだったかだけをお話ししておきます。

浮浪者に学んだ医療の原点

R診療所へやってくる患者さんのほとんどは、肝臓を悪くしていました。なにしろ彼らの主食は酒、そして、副食も酒ということが多いわけですから、肝臓はムチャクチャになります。

冬のあいだは酒は暖をとるための手段でもあります。ゴミを拾い集めて、それを売っていくばくかのお金をかせぐと、そのお金はぜんぶ飲み代になります。買えるだけのお酒を買ってそれを飲みつづけます。暖かくなって眠くなったところで、これまた拾い集めたダンボールなどを組みあわせ、じつに巧みに作られた自分の寝室にはいって眠りにつくのです。少しばかりのお金をお酒以外の食べものなどに割《さ》いたりするのはもったいないから、ぜんぶお酒にまわしてしまうことになります。食べもののほうはゴミ箱に捨てられた駅弁の残りなどで調達できますが、お酒のほうはゴミ箱にも落ちていなくて、こちらは買わなくてはならないわけです。

彼らのカロリー源はほとんどお酒です。入院してきた人の血液を調べてみると、血液中にふくまれているたん白の量がびっくりするくらい少ないのです。それは食事からのたん白の摂取量がすごく少ないことを示しています。これはまさしく栄養失調なのです。栄養失調はそれだけで肝臓をいためますし、もちろん、お酒ののみすぎも肝臓によくありません。栄養失調とアルコールのダブルパンチで、大半の人が肝臓を悪くしていました。

栄養失調によっておこる肝臓病の場合、あるていど進行すると、おなかに水がたまります。これは腹水といい、腹水のたまったおなかを蛙腹《かえるばら》といいますが、蛙のほうが「おれの腹はこれほどじゃない」って文句をいいそうなくらい、すごいおなかの人がたくさんいました。「腹に水がたまるのは慣れてるけど、あんまり大きくなると、歩くときにまえがよく見えない。こいつは不便だから、水だけとってほしい」なんていってくる人がいるのです。彼らは「病気をなおしてほしい」といってきているのではありません。

「こういう生活をしていて病気にならないはずはないし、なったら、なおるはずもない。しかも肝臓が悪くなったりしたら、いまの医学ではなおせない。だから、なおしたいなんて高望みはしない。ただ、少しでもラクになりたいんだ。ラクにしてほしいということだけを要求しているのだから、余計なことはしないでほしい」

これが彼らの心情であるようでした。腹水をへらすのは簡単です。利尿剤（尿がたくさんでるようにする薬）をのんでもらうと、それこそ滝のように尿がでるのです。トイレへ行ったり来たりの忙しい数時間をへると、おなかはおもしろいくらいにペチャンコになります。そのあと入院させて三食ふつうに食べ、アルコールを禁じておきますと、おなかはほんとうに小さくなるのでした。

ラクになると、患者さんは「もうよくなったから退院する」といいます。たしかにおなかは小さくなったけれど、肝臓の状態がよくなったわけではありませんから、退院を許可することには医者として抵抗があります。ここで患者さんがいう「よくなること」とぼくらの考える「よくなること」に食いちがいが生じるのです。ぼくらは「せっかくここまでよくなっとるんだから、このあと、本格的に肝臓病の療養生活にはいってほしい」と思いますが、患者さんのほうは、「もうおなかもすっきりしたし、お酒ものみたくてしようがなくなってるから、退院の時期になっている」と考えているのです。

こういう食いちがいが生じたとき、医者は自分の考えを押しとおす権限をもっています。「まだ退院はだめ」とひとことといえばいいのです。

一般の病院ですと、このやり方で医者は自分の納得がいくように治療をすすめることができるのがふつうですが、この診療所ではちょっと話がちがいました。その夜、患者さんは病院から脱走するのです。これで患者さんが勝利をえるわけで、医者のほうは逃げられては仕事になりません。

ところが、こんな仕打ちをした患者さんが、数か月すると、また平気な顔をして診療所にやってくるのです。「またおなかが大きくなっちゃったもんで」と照れ笑いしながらいうのですが、照れ笑いはたんなるポーズで、じつはシャーシャーとしているんですね。そして、何日か入院しておなかが小さくなると、また「自己退院」。自己退院というのは患者側が自分の意志で退院してしまうことをいう医学用語ですが、聞こえはいいものの、実態はトンズラです。

こういうことがくり返されると、医者の側としては腹がたつのですが、ぼくはこの診療所で仕事をしているうちに、これでいいんじゃないか、という気分になっていきました。「腹水をへらす」ということを医者と患者のあいだの共通目標と考えればいいわけです。「なおすためにキチンとした生活をしようね」とか、「酒はからだに悪いからやめようね」とかいったとたんに、医者と患者との信頼関係は崩れます。

「酒だけが人生の楽しみなのに、それをやめてどうするんだよ」といわれれば、こちらには答えようがありません。彼らがいまの生活をぬけだすということも、医療という方法によっては不可能です。そういうことは、たとえば、東京の山谷、あるいは大阪の釜ヶ崎といったところで労働者たちの手で取り組まれている闘いなどによってのみ可能性をもちえるのです。だからぼくは、一方でそうした闘いにいくらかのかかわりをもちながら、診療所では患者さんの希望にだけ答えて余計なことはしないという医療に努めることにしました。患者さんたちがこれまでの人生を語るのに耳を傾け、いっしょに泣いたり笑ったりしよう、それが医療の中身であってもいいではないか、と思いさだめていったのです。

ところで、この診療所の病室回診は長い時間がかかるので有名でした。ぼくだけでなく、ぼくの同僚の医者の多くも時間がかかるのです。二十人たらずの患者さんをみてまわるのに二時間もかかることもありました。それはたいてい回診の途中で患者さんの身の上話を聞くのにひきこまれてしまったとか、ベッドの上で開帳されている花札あそびにまきこまれてしまったとかいうことが原因でした。なんだかデタラメな医療のように見えますが、じつに人間くさい医療でもあったと思います。

ともあれ、ここで学んだいちばん大きなものは、たとえば、「浮浪者といわれるような人たちにはどのような医療をすべきか」といったことが大学教育のなかではまったく教えられていないということです。それは、いいかえれば、大学で教えられる治療学は、あるていど生活に余裕のある人を対象にした治療学であるということでもあります。医者から入院といわれれば入院できる人、仕事を休めといわれれば休むことのできる人が対象になっているわけです。どんなに自分のからだの状態が悪くても、仕事を休むことができない人、子どもが病気になっても、出勤しなければならない親などについて、どのような医療的アプローチをするかということはまったく教えられていないのです。

育児についていえば、ぼく自身は共働きですから、「親がいつでも子どものためにつくしていられるとはかぎらない。自分の生活のためには子どもが多少の犠牲になることだってある。そういう状況のなかで子育てはどうあったらよいのか」というふうに考えます。共働きの家庭の子どもが病気になった場合、どうすればいいかということを医者として考えてみようと思いました。しかし、こんなことについては大学では教えてくれません。先輩の医者たちも教えてくれませんでした。「共働きは子どものためによいことではない。やむをえない場合もあるだろうが、できるなら、少なくとも三歳ぐらいまでは母親が責任をもって育児をするのがよい」というのが大半の小児科医の考え方ですから、そういう人たちからぼくはなにも学びえないということです。

つぶれそうな診療所を引きうける

大学で教えられたものや、教科書に書いてあるものだけがほんとうの医学ではないのではないか、ということを医者としてスタートする時点で知りえたことは、ぼくのしあわせであったと思うのです。

けれども、残念ながら、この診療所はつぶれてしまいました。そこで、こんどは八王子にある小さな診療所へアルバイトのようなかたちで仕事をしにいくことになったのですが、この診療所がまた、経営不振でつぶれそうになり、それまでいたお医者さんがやめてしまうことになりました。

「あとを引き受ける医者がいない。そうすると、診療所がなくなってしまう。この診療所は地域の労働者がみんなで資金をだしあってできあがったものだ。いま、つぶれると、その借金もかえせない」

このように泣き落としをかけたのは当時の理事で、いまは八王子の市会議員である星川光義さんという人でした。口べたであいそが悪いけど、ちょっと話をすれば、まっ正直であることがすぐわかるという感じの星川さんにほだされて、ぼくはその診療所を引き受けることにしました。最初のうちは患者さんもぜんぜんこなくて経営的にも苦労しましたが、いまはなんとかやっていけるようになっています。

外来だけの小さな診療所ですが、地域の人がたくさんやってきます。八王子は、古くは織りもので有名だった東京郊外の中都市ですが、ぼくの診療所の建っているあたりは古くからの店が立ちならぶ旧市街で、三世代・四世代が同居して商売をしています。織りもののほうは景気が悪くなって機屋《はたや》さんはどんどんつぶれ、かつて織機がおかれていた土地にはマンションが立ちならび、そこには移住してきた核家族が住むようになりました。こうして、いろいろな人が患者さんとしてやってくるのです。

ぼくは、専門は小児科と自称しているのですが、実際は大人の患者さんが多く、しかもお年寄りのほうが比率が高いんです。その結果、患者さんのなかには、ぼくのことを老人科、あるいは整形外科が専門と思いこんでいる人もいて、「先生にうちの孫をみてもらおうというのはお門《かど》ちがいかもしれませんが、一度みてもらえませんか」などといわれることがあります。ぼくはびっくりして、「あれー、ぼく、ほんとうは小児科なんだけどー」というと、患者さんのほうもびっくりして、「へえ、ほんとうですか」なんていうヘンなやりとりになってしまうこともしばしばです。

でも、ぼくはたしかに子ども好きではありますが、おなじくらいにお年寄りも好きです。お年寄りと話していると、おもしろく、また人生勉強にもなるので、こういう状態をありがたく思っています。実際、長い年月を生きてきた人たちに教えられることは多いのです。人間の生き方といってもまことに多様で、その生き方のどれが正しくて、どれがまちがっているとか、どれが充実していて、どれが空疎だとかなんて軽がるにいえるものではないなあということも実感してきました。こういうことを診察室という場のなかでいろんな人から学べるのも医者をしている余録の一つと思っています。

これとおなじようなことは子育てをしているお母さんやお父さんたちにもいえます。じつはいろいろな育て方があり、それはその親の人生観の反映でもあって、それゆえ、どれが正しいの、どれがまちがっているのと、医者ごときが簡単にいえるものではないとぼくは思っています。ほんとにステキな生き方、ステキな子育てをしている人がたくさんいて、ぼく自身はぶざまな生き方や子育てをしているなあと恥じいってしまうことも少なくありません。

また、リウマチのような長く、つらい病気をもちながら、うそみたいに明るく生きている人を見ると、「明るい性格を売りものにしているぼくだけど、おなじ状況になっても明るさを失わないでいられるだろうか」と考えてしまいます。そして、どうもそんなふうにはできそうにもないと思うと、目のまえの患者さんに尊敬の念を抱かずにはいられないのです。

待合室で病気がなおる

かくして、ぼくの日々の診療はおなじことのくり返しのように見えながら、けっこう刺激的で楽しくもあります。つねに沈着冷静・謹厳実直・不偏中立といった態度が医者のあるべき姿と考える風潮もあるようですが、ぼくは喜怒哀楽を顔にだし、患者さんとふざけあったり、悪口をいいあったりしながら、楽しく明るい診療をするように心がけています。

病院があまり病院らしくなるのもいやだなあと思っています。たとえば、「このごろの病院の待合室は老人のたまり場になっている」などと悪口をいう人がいますが、「たまり場じゃあ、いけないのかよ」と反論したい気持ちがあります。

ところで、つぎのような笑い話はかなり流布しています。

ある病院の待合室。
診察を待っている二人のお年寄りが話している。
「きょうは大村さんの顔が見えないわねえ。毎週、水曜日にはちゃんときてるのに」
「ああ、大村さんねえ、このところからだの具合が悪くてこられないんですって」

この笑い話は、病院にきているお年寄りは、じつはからだの具合が悪くないのにきているのであって、ほんとうに具合の悪い人は病院にこれないと皮肉っているところがポイントになっています。「老人の医療費をうんと安くしたもんだから、病気でもないお年寄りがやたらと医療機関へやってくるようになっている」ということがいいたいわけですね。

しかし、これは差別に満ちた偏見というべきです。たしかに、急性の病気のときは苦痛がひどくて病院まで行くのもたいへん、病院に着いても、待合室でおしゃべりしながらゆっくりと待ってなんかいられないという状態になることはよくあります。

しかし、たとえば、慢性の腎臓病や肝臓病・高血圧の人などは、とくに自覚症状もなく、日常生活もできます。でも、定期的に通院して検査を受けねばなりません。こういう人たちは待合室でにぎやかにおしゃべりしながら待っていますが、だからといって、そういう態度から、この人たちを「からだはどこも悪くない人」というわけにはとてもいかないでしょう。お年寄りはいくつかの慢性病をもっていることが多く、それは定期的なチェックを必要とします。そういうお年寄りが待合室でおしゃべりしながら待っているわけです。

それからもうひとことといいそえるなら、極端にいえば、なにも病気がなくたって病院にきて悪いということはないと思うのです。一人では外出もままならぬおばあちゃんが、病院にだけは家族に連れてきてもらえるというようなことはよくあります。そして、病院へきて、待合室で、幼なじみに出会ったりすることもあるのです。こういううれしい体験をしたおかげで、からだの調子がだんぜんよくなってしまうということもあるのです。病院の待合室自体、一定の医療的な効果をもたらしうるといったらよいでしょうか。

要するに待合室がお年寄りのサロンになっても悪いことはない、とぼくは思っているのです。だいたい、診療というものを診療室のなかで医者が患者にたいして行なうものだけに限定してしまうのはよくないのではないでしょうか。

実際、こんなこともありました。ある日、一年生で毎日おねしょをしている子どものお母さんが、ぼくに「どうしたもんでしょう。毎日毎日おねしょの始末じゃ、たいへんですし、いつまでつづくのかと不安です」と診察室でせつせつと訴えていたときのことです。

ぼくのほうは、「まあまあ、一年生でおねしょする子どもなんてたくさんいますよ。そのうちしなくなるから、もう少しつきあってあげてよ」なんて一生懸命にいっていました。ところが、この対話をつぎに診察を受けるために待っていたべつのお母さんが聞いていたのです。そのお母さんが突然わりこんできて、「ねえ、家《うち》の子も二年生までおねしょしてましたよ。わたしも子どもが一年生のころはずいぶんあせったり、悩んだりしたけど、いまから考えると、おかしくなっちゃうわね」なんていうんです。ぼくはチャンス！　と思いました。お母さん同士で話してもらうのがいちばん。ぼくがいろいろいうより、経験者のお母さんが話してくれるほうがずっと説得力があるはずです。そこで、待合室のほうで二人で話してもらうことにしたんですが、これはみごとに大成功でした。

こういうのも立派な診療というべきではないでしょうか。そして、こういうふうに医療というものをあんまりせまい枠にとじこめないで、広げて考えていきますと、日常の診療も肩の力がぬけて楽しくなるというものです。

診療所のなかを子どもたちが走りまわっていたずらしたりしていても、ぼくはちっとも気になりません。診療所が子どもたちの遊び場になることも、ぼくのめざすものの一つだからです。ぼくは日常の診療のなかで子どもたちとも、また大人の人たちともなるべく遊ぼうと思っています。ふざけあったりもしています。また、ずいぶん笑うことの多い医者でもあるようです。

あるテレビ局がぼくの診療所をルポしてくれたことがありまして、そのとき、レポーターの女性が、ぼくの診療所の待合室で患者さんにインタビューをしました。これが番組として放映されたときに見ていましたら、あるおばあちゃんが、「この先生はよく笑うんですよ。それでわたしの家族は山田先生のことをワハハ先生と呼んでるんです」といってるんですね。ぼくはこの「ワハハ先生」というのがとっても気にいりました。それで「ワハハ先生によるネアカ診察」なんていうとんでもない診察をしようと考えている日常です。

話があっちこっちへいったようですが、まあ、こういったところがぼくのこれまでの歴史です。

第2話
わが家の子育て、それは自分流

●三人の子の父親になる

連れ合いとの出会い

さて、今回の講座では、ぼくの育児体験をなるべく正直にお話しながら、ぼくの子育てについての考え方を示していこうということになっています。そこできょうは、ぼくの家族のことを話しておきます。

ぼくには連れ合いが一人（まあ、一人なのがふつうですね）と三人の子どもがいます。

子どもはいちばん上が女、二番目が男、三番目が女という順序です。上の娘が中学三年生、この娘は障害をもっており、彼女のことについてはいずれくわしくお話しするつもりです。まんなかの息子が中学一年生、そして、末の娘が小学校三年生です。

最初に連れ合いとの出会いからお話ししておきます。ぼくたちが知りあったのは、森永ミルク中毒の被害者を支援する運動がきっかけでした。森永ミルク中毒といっても、ご存知でない世代のかたも多くなっていますが、一九五五年、いまから三十年以上まえに起こった前代未聞の食品公害事件です。一九五五年当時は、赤ちゃん用の粉ミルクのほうが母乳よりいいなどといわれていました。ちょうど、日本が戦後の荒廃から経済成長の時代に向かおうとしているところで、女性の労働力も必要になっていました。女性に働いてもらうには、「安心して母乳をやめる」ようになってもらうことが必要で、そんな事情もあって粉ミルクが宣伝されたのです。

そのころは赤ちゃんコンクールなどというものがあって、たいてい乳業会社が主催していましたが、そこでは体重の多い赤ちゃんが表彰されていたのです。赤ちゃんが太りすぎているのではないかと心配するお母さんが多い現在から考えると、まさに隔世の感があります。一般に人工栄養で育てると、母乳で育てた場合にくらべて、赤ちゃんが太ることが多いのです。

そこで、赤ちゃんは大きいほうがよいのだというふうに宣伝し、そのうえで、大きくなるには人工栄養のほうがよい、ということで粉ミルクが宣伝されたわけです。さらに森永のミルクは、「頭のよくなる成分が添加されているので、頭のよくなるミルクだ」という宣伝もされていました。「赤ちゃんの頭がよくなる育児法・栄養法」などというものは、いつの時代にも現われては消えていくようですが、それでもつぎつぎに新しい方法が宣伝されるのは、それにとびつく親がいるからでしょうね。

そういえば、ぼくが子どものころ、味の素で頭がよくなるなんていわれたものです。ごはんのうえに味の素を一《ひと》びんかけて、死ぬ思いで食べたなんていう同級生もいました。味の素にふくまれているグルタミン酸ソーダが頭をよくするっていわれたのです。いまでは、味の素はかえって有害ではないかともいわれ、ぼくもけっして使いませんが、ともかく「頭をよくする方法」「やせる方法」「背をのばす方法」などは、時代が変わってもくり返しくり返し現われては消えていくようです。ぼく自身は「赤ちゃんの頭がよくなる育児法」とか「頭のよくなる栄養法」とかいうものはないと固く信じています。

とにかく森永のミルクはさまざまな宣伝のおかげで売れに売れました。原料の牛乳がたりなくなる。そこで古い牛乳も使いたいが、古い牛乳を使ったミルクはお湯にとけにくい。それじゃあということで、とけやすくする方法を考える——そんなふうなことになりました。「悪知恵はよくまわる」のことばどおり、ミルクをとけやすくするには、第二リン酸ソーダというものをたしてやればよいことに森永乳業が気づきました。

その結果、森永のミルクには第二リン酸ソーダがぶちこまれちゃったんですが、それが工業用の第二リン酸ソーダであったために砒《ヒ》素《ソ》という毒物が混入し、そのミルクをのんだ全国で二万人ほどの赤ちゃんが中毒になったのです。生命を失った赤ちゃんもいますし、また、さまざまな後遺症が残った赤ちゃんもいて、これはまことに大事件でした。しかし、この事件は発生後一年ほどで「後遺症はない。事件は解決した」といわれ、闇に葬られそうになりました。けれども被害児の親たちは闘いつづけ、十四年後にその後遺症の実態が明らかにされるにおよんで、ふたたび世間の注目を集めるようになったのです。

しかし、そこまでの被害児の親たちの苦労はたいへんなものでした。どうしてそんなに苦労しなければならなかったかというと、一九五五年当時の小児科医学会の大御所たちが、森永乳業の側に立って事件をウヤムヤにするのに手を貸したということも一つの原因でした。そのことを、高校生にまで成長した被害児が小児科学会にやってきて告発したのです。ちょうどそのころ、ぼくたちは小児科医が集まって学術発表をする場である小児科学会を改革する運動をしていて、そこで森永ミルク中毒の被害児と出会ったのです。

この告発に出会ったという経験も、ぼくが医者の仕事をしていくうえで大きなインパクトになりました。ともあれ、この告発を受けるかたちで広島・九州・東京などに小児科医を中心とする支援組織ができました。そして、九州で支援運動をしていた一人の女性小児科医と、東京で運動をしていた一人の男性の小児科医師とが恋をして、東京で世帯をもったというのが、ぼくたちのなりゆきでした。

連れ合いの家事・育児分担〝宣言〟

二人が世帯をもつにあたって、彼女はいくつかの条件を示しました。

「世帯はもつが、婚姻届はださない。子育て・家事は分担して同等に行なうこと」

これはぼくを多少は驚かせたものの、それほど大きな驚きではありませんでした。ぼくはそれまで戸籍制度についてとくに考えたこともなければ、フェミニズムについて関心があったわけでもありませんでしたが、彼女がぼくに同意を求めた二つの条件について、たいした抵抗もなく受けいれようという気になったのです。彼女は九州で一つの運動をつくりつつあり、それを捨てて東京にでてきてくれるのですから、そのことを考えれば、どんな条件でものむという気分になっていたということもありましたし、それだけほれていたということでもあったと思います。

このことがきっかけとなって、ぼくも日本の家族制度について考えてみるようになり、これらの制度がさまざまな矛盾を抱えていることに気づかされていくようになりました。女性にたいする差別の実態についても、少しずつ理解していけるようになったと思います。

十一年間のひとり暮らしのあいだは、まかないつきの下宿にいたり、もっぱら外食にしたりということで、ほとんど自炊はしたことがなかったものの、子育て・家事の分担については、買いものは好きだし、料理することもそんなにきらいではないので、なんとかやっていけるだろうと思っていました。ただ、世帯をもってしまえば、彼女がおおむね育児・家事をひきうけてくれるのではないだろうか、と考えるずるいところもたしかにあったようです。しかし、現実にはそうならず、平等の分担とはとてもいえないにしても、いちおうのところ育児・家事を分担するというかたちをとりつつ現在にいたっています。

まがりなりにもぼくが育児や家事を引きうけるようになったことについては、最初に生まれた娘が一歳になる以前に重い病気になった、ということが影響しているのは確かなようで、「あの娘《こ》が病気にならなかったら、あなたはきっと育児や家事から逃げていたにちがいない」と、あとになって連れ合いにいわれました。これには反論のしようがないと思っています。

つぎは子どもたちです。上の娘は涼《りょう》、まんなかの息子は圭《けい》、末の娘はなぎといいます。

涼は障害をもっていますが、地域の学校の普通学級へ九年間かよいつづけ、いま、中学三年になりました。いま、卒業後、どうするかを考えているところです。

息子が見せる〝問題行動〟を楽しむ

息子の圭は中学一年生ですが、おもしろいくらいによく遊んでいます。ぼく自身、勉強ずきで読書ずきという、いま思えば、まことにいやらしい子ども時代を送ったのですが、圭はまったく反対で、勉強はきらい、漫画以外は読まないというのが徹底していて、親子でこんなにちがうものかと感心したり、おもしろがったり、ときにはちょっぴり腹をたてたりしながら見ています。圭は小ちゃいときからおもしろい子どもでした。

医学の世界では「小児の問題行動」と呼ばれている一連の行動があります。指しゃぶり・夜泣き・夜驚症・ねぼけ・チック・どもりなんていうものがそれにあたりますが、圭という子どもは、いくつもの〝問題行動〟をぼくに見せてくれました。

どもることもありましたし、チックにもなりました。（チックというのは目をパチパチさせたり、口のはしをピクピクさせたり、肩をもちあげてみたりと、こんな行動をくり返しする、いってみれば〝くせ〟のようなものです。）ねぼけはそうとうなもので、夜中にガバッと起きては部屋のなかを歩きまわり、ときには部屋からでてお風呂場まで歩いていき、そこでおしっこをしそうになって、追っかけていったぼくがあわてて止めるというようなこともありました。

部屋のなかを歩きながら、なにかを見つめるような顔をして、「コワイ、コワイ」と泣き叫んだこともあります。

こういうことは小学校へはいってからもつづきましたが、いまではもう、そういうこともなくなりました。ただ、かなり長時間にわたる寝言《ねごと》はいまでもいっていて、ぼくをびっくりさせることがあります。

また、「くり返し病」の症状もいろいろありました。くり返し病というのはぼくの命名ですが、子どもが腹痛・頭痛・足の痛み・嘔吐などをくり返し訴える状態のことです。圭は、しょっちゅうおなかが痛くなるといった時期がありましたし、頭痛をくり返し訴える時期も、夜になると、足が痛いと泣くという時期もありました。

こういうとき、やせても枯れてもプロの医者ですから、ぼくはあわてません。おもしろがって観察しています。「どもりがどういう経過でなおっていくかを見ておけば、それをネタに書くことができる。シメシメ」などと、多少のもののかきでもある父親は原稿のネタとしてしまうのです。こんな気持ちで見ていますと、どもりもチックもくり返し病もあっさりと終わってしまい、「なーんだ、つまらない。もう少しつづいてくれれば、おもしろかったのに」なんて思ってしまうことになります。

ぼくの経験からいえば、子どもたちが成長の一過程で見せる、こういった「くせ」は、親が心配せず、あわてず、「いつかなおるから、とくべつ気にしないでこのまま見ていてやろう」

という態度でいれば、意外にあっさりと終わってしまうものなのです。ここにあげたもの以外では、たとえば、おねしょについていえば（ぼくの子どもはどの子もしませんでしたが）、六歳まではあたりまえ、十歳までは待っていてやろう――そういう気持ちでいれば、問題はちゃんと解決するはずといっておきます。

赤ちゃんの発達を見ていますと、子どもはいろいろです。おなじ兄弟でもいろいろでして、歩くのが早い子どももいれば、遅い子どももいます。ことばを話すことについても、早い子どもと遅い子どもではそうとうの差があります。

しかし、差があるといっても、歩行の開始については早い子で生後十か月、遅い子で一歳六か月というのがふつうの範囲で、ここでは早い子と遅い子の差はわずか八か月ほどです。しかし、ことばのほうになると、早くしゃべる子は一歳のうちによくしゃべるようになり、遅い子は三歳ぐらいまでしゃべらず、早い子と遅い子との差は二年もあります。こうなると、遅い子の親は待ちきれなくなって、「ひょっとすると、一生しゃべらないのでは」などというあせりの気持ちがうまれ、自分の子が早くしゃべれるようにと訓練施設にかよったりします。

おねしょの場合、六歳、さらには十歳までというのはとても長い期間で、ここをあわてずじっくり待つのは至難のわざかと思います。でも、やっぱり待つしかないんです。なるべく楽観的にかまえて、ゆったりと待つというのが、子育ての秘訣であるようにも思います。

それから、子どもがちょっと変わった行動をすると、「わたしの育て方がいけなかったのかしら。家庭に問題があるのかしら」といろいろ考えこんでしまう人がいますし、そう悩んでいるとき、お医者さんに相談してみると、案のじょう、「お母さんのしつけにすべての根源があります」なんていわれてシュンとしちゃったりすることもあるようですが、そういうように自分を責めるのはつまらないことだとぼくは思います。

ぼくなんぞはぜんぜん反省しません。じつにいいかげんな子育てをしていますが、そのせいで子どもが変わった行動をするなんていうようには考えないのです。家庭のなかに問題があるといわれれば、たしかにぼくの家庭にもいろんな問題があります。でも、「おたくの家庭になにか問題はありませんか」と聞かれて、「なにもありません」と胸を張って答える人がいたとしたら、そう答えるところが、じつはたいへん問題であって、どの家にだってなんらかの波風はたっているのだろうと思います。だから、あんまりクヨクヨ考えないで、つとめて明るい方向で考えたほうがいいと思うのです。

考えてみれば、圭は姉の涼の病気がまだたいへんで、ぼくたち親の気持ちが涼のほうへ集中している時期に生まれてきましたから、やっぱりじゅうぶんに手がかけられることがなかったといえるかもしれません。そんなことのさびしさがいろんな行動となって表現されたとも考えられるのですが、それはそれでいたしかたないことであって、そういうめぐりあわせのなかで彼は生きるしかないのです。

圭はまたとてもやさしい子であり、控え目な子どもでもあって、感情をあらわにすることも少なかったように思います。そういう「いい子」は、ときとして変わった行動をすることがあるものです。圭はそういう一つのタイプを代表する子どもなのでしょう。

彼がどもったり、チックになったりしたとき、ぼくはどこかへ遊びに連れていったりしてさりげなく手をかけるようにしてやったつもりです。そして、そんなことでよかったのだろうと思っています。

小さな〝テロリスト〟たち

ところで、世の中には、「小児科医なんていう子育てのプロの家では、子どもはなにごともなくスクスクと育っているにちがいない」と思っている人もいます。しかし、実際にはそんなはずはありません。自分の子どもが登校拒否をするようになって悩んでいる教師・心理学者をぼくは知っていますが、それはけっしておかしいことでもなんでもなく、あたりまえのことなのです。

しかし、そういう子育てのプロが、自分自身の子どもを育てるうえで悩んでいるような場合、そのことを人まえで明らかにしたりしないものですから、プロならうまくいっているんだろうと思われてしまうわけです。でも、プロが「わたしだってうまくいってないんだ」ってはっきりいったら、世間の親はかなりラクになるはずです。

これが外国の小児科医の場合だと、彼らは自分たち自身のことを平気で明らかにしています。その点、じつに正直なのです。たとえば、ここに二冊の本があります。

最初はこの本。これは『ちびっ子ギャングの馴らしかた』という本です。メヂカルフレンド社からでていて、著者はクリストファー・グリーン、川口雄次さんが訳しています。副題は「四歳までの育児としつけ」となっていて、とってもおもしろい本ですが、日本ではあまり読まれていないんでしょうか、知ってる人が少ないんです。グリーンさんはオーストラリアの小児科医で、生まれはアイルランドだということです。

この本の第二章のタイトルは「子供の行動は何が正常で何が平均か?」となっていますが、この章の最初の文章はつぎのようなものです。

幼児の発達段階には非常に大きな偏差があり、どの二人の子供や家族をとっても全く同じということはあり得ませんし、たくさんの要因がその行動に影響を及ぼしています。問題であるとされていることでも、それを見る者の「眼」によって大変な違いがあります。

小さなテロリストの幼児をかくまっている家庭では、それをどうしようもない絶望的な状況だとするかもしれませんが、一方別の家庭では、同じようなこっけいな身振りを何かのサーカスでもやるような賢い演技のしぐさだとみなして楽しんでいるかもしれません。

このようなことが行動に関する有効な資料の収集を難しいものとしており、手に入れた数値を、等しくある年齢層のすべての子供にあてはめることはまずできることではありませんね。

どうですか。翻訳がちょっとよくなくてわかりにくくなっているかもしれませんが、およそのところは見当がつくでしょう。

ある親にとってパニックの種となるような子どもの「恐るべき」行動も、ほかの親にとってみれば、ほほえましく、おもしろがってみているようなものだったりするわけです。だから、「親にとって自分の子どものどんな行動が悩みの種になっているか」と調査しようとしても、おなじ行動をある親はまったく問題にしていないのに、別のある親はたいへん困っているというように、とらえかたに差があるため、うまく調査ができないというわけです。そういう問題点をふくんだまま行なわれた調査の結果というものは、信用できない部分が多く、だから、そんなものにふりまわされたりするのはまったく無意味なんだということです。

たとえば、とくに女の子に多いと思いますが、いつでもタオルの切れはしみたいなものを手に持ったり、しゃぶったりしていないと気がすまないという子どもがいます。なによりも大事にしていて眠るときも離さないから、洗濯もできず、うす汚れてボロボロになっています。それでも子どもはいとおしそうに、大切そうにいつも肌身はなさず生活しているのです。

それを見て、「あんな汚いものをしゃぶっていると、バイ菌がからだのなかにはいっちゃうんじゃないか」とひたすら心配し、なんとかして手放させようとする親がいます。一方では、「いつもしゃぶってるけど、べつに病気にもならないし、あれだけ大事にしているんだから、汚くても、まあいいか」とおうようにかまえる親もいます。

実際は、しゃぶって病気になったりすることはありえませんから、後者のようにそのままほほえましい思いで見ていたほうがいいのですが、でも、いろいろ悩んじゃう親もいるということです。これは一つの行動が、見方によっては問題があったりするという、いい例です。

とにかく、グリーンさんの観察はとてもおもしろく有益です。グリーンさんは具体的につぎのように書いて親を安心させようとします。

ほぼ四人に一人の幼児は、親が特に心配するような行動を現します。恐らく、幼児を持つ十組の親のうち一組だけが、いくつかの小さな行動によるいらいらや心の悩みを経験しないで済むぐらいでしょう。

一九五〇年代の終わりに、米国のカリフォルニア州のグループが八〇〇人の幼児を対象にした行動調査を行いました。その結果は、母親の九一パーセントは幼児の面倒をみることに多少の心配がある、と言っており、また二八パーセントの母親が幼児の行動に関して何らかの重大な懸念を持っている、と訴えました。一九七三年には、七〇五人にのぼるロンドンの三歳の子供たちが調査され、彼らの親もインタビューを受けました。約七パーセントの幼児が中程度または重大な行動の問題があるとされ、それに加えて、更に一五パーセントは程度は少し軽いが本物の重大な問題を持っており、これを全部あわせると二二パーセントになりました。この調査では、軽い程度の問題は男の子と女の子に同様に起こっていますが、中程度の問題は二倍近くも男の子に多く、重度の問題は女の子の三倍以上男の子に多く見られました。テロリスト的男の幼児を持つ多くの親は、この調査の数値を妥当な線だと同意されるのではありませんか。

テロリスト（殺し屋）とはまた、グリーンさんもすごい表現をするものだと思いますが、「テロリストねえ、うーん、うちの子にはぴったりね」と同感されるかたもあろうかと想像します。とにかく子どもって、そんなに育てやすいものではないってことです。育てにくくてあたりまえ、育てやすい子をもったら、それはたまたま好運にめぐりあっただけと思えばいいのです。

わが子には手をやく小児科医たち

ところで、グリーンさんの本がおもしろいのはこのさきで、それじゃあ、小児科医の子どもはどうなっているんだろうという疑問に自分から答えているところがあるんです。

つい最近、私たちの病院における専門家たちの会合で、わたしは二八人の小児科医に対し彼ら自身の子供たちに関して幾つかの質問に答えるように頼みました。質問は広範囲にわたり特に焦点をしぼったものでしたが、その一般的な質問に対しては、興味津々あっと驚くような答が得られました。例えば、専門家のうち四人は子供の誕生日を知らなかったり、三人は子供がきちんと予防接種を受けたかどうかについてはっきりしなかったり、また十九人は、家庭においてある医薬品の内容が病院の子供安全センターによって規定されたガイドラインから全くはずれたものであったりしました。行動の分野では、十二人が少なくとも一人の疝痛《コリック》を有する赤ちゃんに耐え忍んでおり、専門家連中がしばしばコリックを静めるための医薬品使用の良し悪しについて論争しているにもかかわらず、二十三人のうち九人は薬物療法を実施し、六人がその効能について証言しています。三人の小児科医は息をのむような攻撃的な子供を持ったし、四人はトイレの訓練で苦労し、八人は食事をとらせることの難しさを克服せねばなりませんでした。これらの専門家のうち、十一人は少なくとも一人の子供について眠りにまつわるやっかいな問題を体験させられ、十三人は彼らのしつけがまるで効果を及ぼしていないと考えていました。

小児科医といっても、実態はこんなものです。自分の子どもに手をやいている小児科医なんてザラにいるんです。それで、こういう子どもをかかえた小児科医がまじめに育児にとりくんでいるかというと、これもあやしいもので、自分の子どもの予防接種歴はおろか、誕生日さえ知らないというていたらくの医者もいるわけです。薬の使い方もいいかげんで、あやしい薬を使っていたり、コリックのようにむやみに薬を使うべきでない状態にたいしても簡単に薬を使ったりしています。（コリックというのは、赤ちゃんがとつぜん火がついたように泣きだすということを毎日のようにくり返す状態です。外国の赤ちゃんでは、昼間や夕方に起こるようですが、日本ではもっぱら夜泣きのかたちをとります。）

こういう小児科医の実態はオーストラリアだけのことかというと、ぜんぜんそんなことではなくて、日本だっておなじようなものです。ただ実態が明らかにされていないだけの話です。巷には育児書があふれていますが、著者である小児科医が自分自身の育児体験にふれているものはきわめて少なく、松田道雄さん・毛利子来さん・平井信義さん・池亀卯女さんなどほんの少数の人にすぎません。それ以外の人については、自分の子どもの育児などほとんどしたこともないのに、偉そうに育児論をブッているのが実態ではないかとぼくは疑っています。だいたい、自分で育児の苦労をしたことのないような人にかぎって、「正しい育児法」などというものをトウトウと述べたりするものなんです。専門家だって正しい育児法とか容易な育児法とかなんてものは知りゃしないんだということがわかれば、シロウトのみなさんもかなり気分的にラクになることでしょう。

そうそう、もう一冊のほうも紹介しておきましょう。こちらは一般むけの本ではなくて、医療関係者むけの本ですが、中身はシロウトのみなさんがお読みになっても、かなりの部分が理解できると思われるやさしい内容になっています。

『一歳までの小児医学』(紀伊国屋書店)という本で、G・C・ジェンキンス、R・C・F・ニュートンという二人のイギリスの小児科医によって書かれたものです。こちらでも小児科医の経験についてふれられています。夜、よく眠らない赤ちゃんについて書かれているところから引用してみましょう。

治療の第一歩は、正常睡眠の範囲についての説明と、児は睡眠不足から病気になることはなく、異常はなくその悪習からいつかは脱するだろうという確約をすることである。共感と理解が最も重要で、自分の児がやはり不眠であった医師の経験が役に立つ。医師はまずこの問題を自ら経験するだろうといわれているのは事実である。著者のうち一人が行った何年か前の調査では三十人の小児科医のグループで二十二人が自分の児で経験していた。

なんとまあ、三十八人中二十二人、七〇パーセント強の小児科医がよく眠らなくて親を困らせるような子どもをもっているというわけです。こういう経験をした小児科医が、自分のことを話すのがもっともよい治療法だということなのですが、みなさんはかかりつけのお医者さんが自分の体験談を話してくれるのを聞いたことがありますか。

患者さんとの井戸端会話

医者自身が自分をさらけだして診療をするというような風景は、日本の診察室ではあまり見られないのではないでしょうか。いや、以前はあったかもしれないけれど、最近は診察がどんどん機械的になってきて、そういう雰囲気が失われてきたのかもしれません。

どうも日本では、「医者が権威をもっているほうが治療がうまくいく」と医者自身が考えている傾向がありまして、診察室では椅子にそっくり返っているようです。いばっていたほうが患者さんが信頼してくれるから、いい診療ができると思ってるんですね。そういう面もあるかもしれないけれど、ぼくはいやです。〈医者―患者〉という上下関係が成立したなかでの診療はしたくありません。患者さんのほうが医者にむかって冗談《じょうだん》をいったり、皮肉をいったり、悪口をいったりできる関係になっているのが最高だと思っています。「先生、こないだの薬、ぜんぜん効かなかったよ」とか、「すぐなおるっていったけど、なかなかなおらなかったよ。先生もヤブだねえ」とかとはっきりいってもらったほうがためになります。

ぼくのところへくる患者さんたちがそれほど気心を許してくれているかっていうと、まだまだっていう感じもしますが、それでも少しずつ理想の状態に近づいているような気はします。つい最近も、「先生、ずるいことしてるんじゃないの―」ってはっきりいった患者さんがいました。なにがずるいかっていうと、つぎのようなことです。

「医者って病気しないなあ」って感心してる患者さんはけっこういるんですね。冬、インフルエンザなんかが流行して、巷ではインフルエンザ患者があふれているのに、病院へきてみると、医者は休まずにちゃんと診療しています。いつ行ってみても診療していて、「本日、医師、かぜひきのため休みます」なんて書いてあることはありません。これはおかしいと思う人もいるわけです。「どうして医者だけかぜをひかないんだろう」って。でも、そういう疑問を口にだす人はあまりいません。ところが、この人は率直に口にだして、ぼくにたずねたんです。

「ねえ、先生だけかぜひかないって、おかしいよね。なんかずるいことしてるんじゃないのー。いい薬を隠してるんでしょ。患者さんにはださないで、自分だけのんでるんでしょ」

おもしろいですねえ、こういう会話、ぼくは大好きです。

「そんなずるいことしてないよ。なんにも薬のんでないけど、かぜはひかないの。毎日毎日かぜをひいた人がいろんなウイルスをここまで運んできてくれるから、ぼくのほうは少しずつ免疫になってかからなくなってるだけ」ってぼくはまじめに答えます。患者さんはわかったようなわからないような顔をしていましたが、このぼくの説明はうそではないんです。

実際、ある製薬会社が調査したら、医者は一般の人にくらべてかぜをひく率が少ないという結果がでたそうです。ただし、医者になって二年目までは、一般の人よりかぜをひくということで、どうもこの時期に免疫になってしまうようなのですね。

ともかく、こういう楽しい会話が患者さんたちと気軽にできるようになったところをみると、ぼくも町医者として一人まえになってきたといえるかなあと、ちょっと自負しているところです。

なんだか話が妙なところへとんでいって宙に迷ってしまったようですね。どうもぼくは、いったんしゃべりだすと前後不覚になってしまうことが多く、途中で予定していたこととべつのことをしゃべりだし、しかも、それがどんどんエスカレートしていって、「あれ、ほんとうはなにをしゃべっていたんだっけ」と元の軌道がわからなくなってしまったりすることがよくあるんです。すみません。

息子のことを話していたんでした。どうも家族のことを話すのははずかしいし、家族の一人ひとりに大事なプライバシーがあるのに、こんなところで明らかにしてしまっていいんだろうか、というしろめたい気持ちがあるもんですから、話がしぜんにそれたりするんでしょうね。

ともかく、圭はそうとうおもしろい少年に育ちました。けっこういたずらをするもんですから、学校では目をつけられて、親が呼びだされたりすることもありますが、でも、「うん、オレの子にしてはなかなかやるわい」と感心したり、一方ではやっぱりハラハラしたりしながら見ています。

病気知らずの陽気な娘

末の娘はなぎっていいます。かわった名まえですが、これは連れ合いの命名です。

涼と圭についてはぼくが名づけました。なぜ涼や圭を選んだのかって問われるとひじょうに困るんですが、適当につけたのです。涼の場合は彼女が生まれたころに、あるテレビ・ドラマで篠ひろ子がお涼さんという役ででていたということが多少、影響していたかもしれません。なにしろ、その役の篠ひろ子はステキでしたから。後年、涼が病気になって、もう長くは生きられないのではないかという思いにとらわれていたころ、やっぱり涼っていう名まえがいけなかったのかと思ってしまったのは、お涼さんが薄幸で、ドラマのなかで死ぬということがあったからです。人間って、悲しいことに直面すると、ああでもない、こうでもない、ああすればよかった、こうすればよかったと思い乱れるものだということが、こうしたことでわかったものです。

圭の名まえについてはまったくなんの理由もありません。ぼくが真《まこと》、連れ合いが浄《きよう》、娘が涼《りょう》とみんな一字名なので、やはり一字名にしようとだけ思って漢和辞典をめくり、適当に選んだのです。こんないいかげんな命名をしたことについて、ここで圭に「ごめん」とあやまっておきます。

ところで、真・浄・涼の三つの名まえをちょっと順序を入れかえて並べると、真・涼・浄となって、これ、シンリョウジョ（診療所）って読めるんですよね。ぼくはこういう語呂あわせなんかがうれしくなってしまう性質《たち》で、このあとに圭を並べ、さらにもう一字くわえるなら、エイという字がいい。そうすれば、診療所経営になるなんて適当なことをいって喜んだりしていたこともありました。しかし、末娘はエイという名まえにはならず、ぜんぜんべつのなぎという名まえになりました。

さきほどもお話ししましたが、彼女だけは連れ合いが命名するという了解がなんとなくできあがっていました。連れ合いは「涼がさんずいへんで水、圭は土だから、つぎは火だ」なんていって火へんの字を考えてみていましたが、燃とか爆とか過激な字しか思い浮かばないので、一転して、自分の好きな海に関係ある名まえということにしたようです。朝なぎ・夕なぎのなぎが命名の由来です。

なぎは生まれて一か月にもならないうちに、ブドウ球菌がからだじゅうにまわって、からだ全体の皮膚がまっ赤になってははげ落ちるという派手な病気にかかりましたが、それ以後はまことに健康、ピチピチとはりきった少女です。めったに病気にならず、「どうしてなぎは病気にならないんだよ」と不平をいい、たまには学校を病欠したいもんですから、「頭が痛いから熱はかってみる」なんていって、根性で体温計の水銀をあげようとがんばったりするのですが、無情にも水銀は三十七度線を越えないのです。

こんなふうにじょうぶな子どもですが、いったん熱がでれば、めいっぱいあがって四十度くらいにもなります。熱のあがりやすさとじょうぶさとは別のものなんだということがわかります。

熱が高いと大病と考え、また、熱の高さと病気の重さは比例するものと考える人が多いんですが、そんなことはありません。たとえば、扁桃炎のような病気は高熱がでるものですが、病気自体はちっともこわいものではないのです。また、子どものなかには、熱のでやすい子、でにくい子、でれば高くなる子、たいして高くならない子といろいろあって、高くなりやすい子なら、ふつうのかぜでも高い熱になるわけです。

なぎのように高くなる性質《たち》の子どもでは、高熱は三日ぐらいつづくのがふつうですが、その三日をすぎるとスパッとさがって、その後、ぐずぐずせず、きれいになおってしまうという特徴をもっています。だから、いったん熱がでたら、三日くらいはそのまま待ってやろうという気がまえをしておきます。そういうように気がまえをしておけば、心は安らぐものです。

話が熱のことなんかにそれてしまいましたが、とにかくなぎはじょうぶで、活動的で、陽気な女の子です。手のかからない子でした。

小学校へはいったばかりのころはたいへんに緊張していまして、毎晩、明日の時間割を何度も何度もたしかめずにはいられない子になっていて、これは神経質な子だなとちょっと心配していましたら、やがてそんなことはぜんぜんなくなり、ズボラな女の子になりました。いままでは忘れものをしてもあまり苦にしませんし、宿題も忘れたまま遊びほうけていることもしばしばです。体操や水泳は家族のなかで一番の達者で、運動神経がキワだってにぶいぼくはうらやましい思いで見ています。

いちばん上の涼については次回にくわしくお話しするつもりですから、こんなところで家族紹介を終わることにします。

第3話 障害をもつ娘と育ちあう

●保育を自分たちの手でする場をつくる

産休あけから娘は保育園へ

きょうは、いちばん上の娘、涼を育てた体験を語りながら、その体験のなかからぼくが学んできたものにふれていきたいと思います。

ぼくが連れ合いと出会ったのは一九七一年、いっしょに生活をはじめたのが一九七二年、そして、涼が生まれたのは二人が生活をはじめて十か月後の一九七三年九月のことでした。

ぼくたちの世帯は中野の駅に近いマンションでした。マンションといっても名ばかりの手ぜまな2DKでしたが、ぼくの一人暮らしの十一年間は、前半が三畳一間のアパート、後半は四畳半一間の下宿でしたから、2DKでもじゅうぶん広く感じたものです。しかし、早稲田通りという広い通りに面した、このマンションにはぜんぜん庭がなく、まことに殺風景なものでした。

さて、ぼくと連れ合いとは共働きでした。連れ合いも医者で、九州から上京すると、障害児施設の嘱託医の仕事につきました。

涼が生まれると、連れ合いはいっしょに生活をはじめる以前に約束していたように、ぼくにも育児と家事の分担をするように求めました。その要求にはそうとうの迫力があり、もしあんなに迫力がなかったら、ぼくは約束を反古《ほご》にして育児や家事から逃げていたのではないかと思います。結局、ぼくは水曜日と木曜日の二日間、育児・家事の当番をすることになりました。

連れ合いは産休あけから仕事を再開しましたから、それとともに涼は保育園へ行くことになりました。ぼくのマンションの近くにある団地の一角に「こじかベビールーム」という小さな保育園があり、そこを連れ合いが見つけてきました。

この保育園は、いま考えても、とてもステキでした。六十すぎのおばあちゃんと、五十ちかいおばちゃん、それに少し若い臨時の保母さんといった人たちが保育にあたっていました。特別な保育のカリキュラムがあるわけでもなく、毎日、おばあちゃんが自分の何人かの孫を育てているといったスタイルでしたが、これがなんとも好ましいものでした。保育園の近くを中央線の電車が走っていました。おばあちゃん保母さんがバギーに赤ちゃんを乗せてはその線路ばたまで行き、電車の行きかうさまを赤ちゃんに見せている風景はなつかしく、また心をなごませるものでもありました。

育児当番の日、ぼくは涼を保育園に送っていってから仕事に行き、仕事が終わると迎えにいって、帰宅後は家事・育児をして連れ合いの帰りを待ちました。

ところで、ぼくたち小児科の医者がよく受ける質問に、「子どもを保育園にあずけるとしたら、何歳ごろからが適当でしょうか」というものがあります。また、「幼児を育てるのに、自宅で育てるのと保育園に入れて集団のなかで育てるのとでは、どっちがいいでしょうか」といった質問もされます。経験ゆたかな小児科医なら、こういう質問に明快に答えるだろうと期待されているんでしょうね。

でも、かつて小児科医としてぼくの先達である毛利子来さんと保育医学にかんする本の改訂作業をしていたおりに、この問題でずいぶん頭を悩ませたものでした。毛利子来さんは童顔でずいぶん若く見えるものの、実際は還暦にちかいおとしですから、経験ゆたかな小児科医といってまちがいなかろうと思うのですが、その毛利さんでも正しい答えがわからないのです。

世の中には「子どもは少なくとも三歳までは家庭で母親が育てるのが最良」なんてはっきりいっちゃう医者や学者もいますが、なにを根拠にこんなことがいえるのかと疑問に思います。四か月から保育園にかよった子、一歳からかよった子、三歳から幼稚園にかよった子というように、いくつかの群にわけて何十年か追跡し、どんな大人に育ちあがったかを調べたといった研究でもあるのでしょうか。そんなものはないにちがいありません。自分の勝手な思いこみでそんな結論をだしてしまっているのだと思います。

一般に、「乳幼児期には母の愛が必要」とか、「母子関係がどうであったかが人間の将来を決める」とかと「母親」をもちあげるような発言をする人にかぎって、差別的な「男女の役割分担」観をもっているのではないだろうか、とぼくはひそかに考えています。

ここで加藤周一さんの『現代日本私注』(平凡社)から引用しておきます。

―たしかに、法律上の夫婦は平等である。双方が働いて収入を得れば、経済的にも平等で―

あり得る。しかし、実際の仕事の負担は、平等でない。なぜなら、社会的慣習が、したがって社会的圧力が、日本では多くの場合に、家事（及び育児）の大部分を、妻に押しつけるからである。そのために、女が家庭の外で職業をもてば、その経済的独立を、仕事の量の不平等で償わなければならないことが多い。それは男の支配する文化の慣習によるので、それ以外のなんらの理由によるのではない。

家庭での食事や、衣服や、乳幼児を除く子供の扱いに、女が男よりも適しているとするのは、教育や習慣、つまり文化の問題であって、遺伝子の問題ではない。現に、料理人や洋服屋や小児科医の多くは、男である。要するに、経済的報酬のある仕事は、男が行ない、報酬のない仕事は女がする、という文化が、今日なお機能しているということにすぎない。

要するに、家庭外での経済的な報酬のある仕事は価値ある仕事であり、家庭内での仕事は価値のない仕事と男の側が考えたうえで、自分は価値ある仕事を選んでいるということなのでしょう。

家庭内での仕事である家事や育児をさげすみ、あるいは、はっきりとさげすまないまでも、「自分はそんなことはしたくない」と意志表示することで、それを一段下のものと見ている男性が、「育児は女性の天職」などというのはまことにうさん臭いことですし、その延長上にある「三歳までは母の手で」なんていう主張は、このさい、けとばしておいたほうがよいでしょう。

ぼく自身は、何歳から保育園へ預けるのが医学的に正しいのかなんてことをまったく考えずに、連れ合いの産休あけから涼を保育園へかよわせました。連れ合いの「産休が終わったら、仕事にもどりたい」という気持ちはまったく正当であり、それが正当で、ぼくも仕事をしたいなら、子どもはとうぜん保育園に行くことになるわけですから。

長女が病名不明の難病にかかる

涼は出生時にはなんのトラブルもありませんでしたが、成長していく過程をみていると、ひと味ちがう子どものようでした。たしかに「どこかちがうなあ」という気がしていたはずなのですが、それは確かなものではありませんでした。

しかし、連れ合いのほうはもう少しはっきりと、どこかちがうと思っていたようで、涼のことをていねいに観察していたのでした。「親と目があわない」とか、「あまり笑わない」とか、「首のすわりが遅い」とか、そんな遅れが涼にはみられました。連れ合いはそれらのことに納得がいかず、ていねいに見ていたのです。生まれて三か月ぐらいたったある日、「涼のおなかにしこりみたいなものがある。さわってみてくれないか」といわれました。ぼくは「母親というものは自分の子どもについては過剰に神経を使うもんだ」なんて思っていましたから、「どうせ考えすぎだろう」といった気分でいいかげんに涼のおなかをさわったようです。しこりらしいものにふれることができませんでした。「考えすぎだよ」なんてぼくが笑って、その場は終わったように記憶しています。

しかし、連れ合いのほうは、その後も「やはりなにかふれる」という思いでおなかをしょっちゅうさわってみていたのでしょう。それから二か月ほどして、彼女は「やっぱりおなかになにかしこりがある。さわってみてくれないか」とぼくにいいました。ぼくは「またか」と思いながら涼のおなかに指をあててみたのですが、こんどは、もうだれがさわってもまちがいようのないほど大きなかたまりが涼のおなかの左半分にありました。

二か月まえ、ぼくは明らかに誤診をしてしまったのです。これ以後、ぼくは赤ちゃんの健康診断をするときにはかならず、ていねいにおなかをさわってみるようにしましたし、赤ちゃんについて気がかりなことをいっぱい訴えるお母さんにも、簡単に「それは考えすぎですよ」とはいわないで、きちんとチェックをすることにしました。これは自分の娘で誤診をしてしまった苦い経験がぼくに与えてくれた貴重な教訓でした。

ぼくの職場も連れ合いの職場も、涼の病気がなんであるかを調べるほどの設備をもっていませんので、それから病院さがしをはじめました。神奈川のS病院で小児ガンの権威といわれるH先生の診察を受け、このかたまりは脾臓であると診断されました。「このかたまりはガンじゃないかなあ」と心配していましたので、やや安心はしました。しかし、脾臓がこんなに大きくなるのは尋常のことではなく、その原因をはっきりさせねばなりませんから、それがつぎの難題になりました。

本来、脾臓というのはおなかの左側の肋骨の真下におさまっていて、外から手でふれたりできないのがふつうなのです。それがおなかの半分をしめるぐらいに大きくなってしまっているわけで、そこにはなにかただならぬ病気が背景としてあるはずなのです。脾臓が大きくなったという事実から思い浮かぶ病気は、白血病などの血液系の病気や肝硬変などの肝臓の病気で、いずれもきわめつけの難病というべきものです。その難病がなんであるかをさがしだすのがつぎの仕事でした。

検査や治療をするのに、どこの病院を選ぶかは、それほど簡単なことではありませんでした。ぼくの友人たちの大半は東大病院の小児科で仕事をしていましたので、「いつでもベッドを用意するから東大病院へ入院させろよ」とすすめてくれました。しかし、ぼくはかつて東大闘争のなかで「東大解体」などと叫んでいましたし、それから時間がたっても、やはり白い巨塔というしかない大学病院の体質に反発をおぼえていましたから、選びたくはありませんでした。そして、結局、べつの友人にすすめられた中規模の私立病院であるO病院を選びました。

いろいろ検査をしてみても、涼の病気はなんなのかわかりませんでした。白血病にちかい状態であろうと予想はつくのですが、はっきりとした病名がつかないのです。病名がつかないままに難病患者あつかいとなり、医療費の助成が受けられるという状態でした。

結局は、三歳をすぎるころから脾臓は小さくなり、やがて病状が落ちついて生命の心配がなくなっていくのですが、その段階でもやはり病名は不明のままでした。

娘の入退院で学んだこと

さて、涼がO病院へ入院するようになると、この病院は完全看護ではありませんでしたから、連れ合いとぼくと交替でつきそいをすることになりました。連れ合いの妹が九州から上京して都内に住んでおり、手伝ってくれたので、そのぶんだけラクをしましたが、しかし、共働きをしながら交替でつきそいをするのはかなりたいへんでした。八王子での仕事を終えて中央線に乗り、四十分ほどかかってO病院に行き、それまでつきそっていた連れ合いとバトンタッチし、ぼくがつきそいの当番にはいります。夜は涼の隣に寝て、翌朝、また連れ合いとバトンタッチして、ぼくは職場に向かうというスケジュール。また、日によってはぼくがそのまま夕方までつきそうこともありました。

涼は入院後、血液中の血小板とか白血球とかが減り、そのため輸血をせねばならぬこともしばしばでした。涼はA型、ぼくもA型と血液型がおなじなので、ぼくからの輸血が必要になることも再三あり、急に輸血の必要が生じると、病院からぼくの診療所に電話がかかってくることもありました。そんなとき、ぼくは午前中の仕事を終えると、昼休みのあいだに病院へ行き、採血してもらうと、昼食をとって八王子へとんぼ返りして午後の診察に臨むという具合でした。

こういうときは昼食にそうとう栄養価の高いものを食べないと、午後からの診察が元気にできそうもない気がして、ステーキだとかうなぎだとかを食べたものです。昼食にステーキを食べたなんていうゴージャスな経験は後にも先にもこのときだけですが、いま考えると、自分でもほほえましく思ってしまうような光景です。

涼は入退院をくり返し、病院での生活もかなり長いものになりましたが、このあいだにぼくは医者として仕事をしていくうえでとても参考になる貴重な体験をしました。

病院というもの、医療というものを、患者の側からながめてみることができたのがその一つです。また、患者の側はじゅうぶんな近代的医療を受けているにもかかわらず、なにかもっといい方法はないか、といろいろ模索しているのだといった事実も知りました。

六人部屋に入院していることが多かったのですが、同室の子どもたちの親は、ぼくの職業を漫画家か作家かなあなんてうわさしていたということです。あとで一人のお母さんがそう話してくれました。なにしろ昼間、仕事をしないでつきそっていたりするものですから、漫画家のように「本格的」な自由業のはずだと思われていたんですね。しかし、主治医と会話をしているときなどに、つい医学の専門用語を使っていたりするので、ついに医者であることがばれてしまいました。いったんばれると、同室の人たちはいろんな相談をもちかけてきました。医者と患者という関係のなかではなかなかいいだせないような疑問や質問も、親同士の関係のなかでなら問えるのだ、ということがわかってきたからでした。

その病院には子どもの血液系の病気の専門家として有名なY先生がおられるため、血液系の難病といわれる病気をもった子どもがたくさん入院していました。白血病や再生不良性貧血といった病気は、現代の医学をもってしてもなかなかに手ごわい相手です。ですから、親たちのなかには、「なんとかもっといい治療法はないものか」といつも考えている人もいました。そういう難病をかかえた子どものいる家庭のまわりには、親切だかお節介《せっかい》だかわからないような世話をやいてくれる人がいて、「こんな薬草をのんでみたら」「背骨をまっすぐにすれば、どんな病気もなおる」「おはらいをしてもらったら」「難病をたちどころになおすお灸がある」といろいろな情報を流してくれるのです。

そういう話を聞けば、どの方法でも病気はたちどころになおってしまいそうで、それなら、もう世の中に難病なんてものはなくなってしまっていいということにもなるのですが、親たちはこれまでのいろんな経験から、そんなに楽観的にはなれません。といって、むげに否定するのもためらわれるというジレンマに陥るわけです。

そこで、プロの医者であるぼくに、そうしたいろいろな方法が医学的にみて有望なものであるかどうかを問うのです。しかし、ぼくは西洋医学とほんの若干の東洋医学をかじった程度の知識しかもちあわせていませんから、そういう方法の効果などについてはまったく無知です。したがって、はっきり答えることができず、「はあ、どうですかねえ。ただ、ぼく自身は涼にそういう治療を受けさせる気はありません」と答えていました。

質問をした人たちもそのていどの答えで満足するのです。そんなに明快な答えがえられることを期待してはおらず、ただ、だれか専門家といえる人の意見を聞いて、自分の迷いが断ちきれれば、それでいいということなのでしょう。だから、ぼくはそれなりの役割をはたしたたというわけです。

ともあれ、こんなふうに、ふだんの診療では知ることのできない「患者側の心理」というものを、涼のつきそいをする生活のなかで知りえたのはたしかに収穫でした。

もちろん、ステキな出会いもありました。それは、涼とおなじ部屋に入院していたタカ君のおじいちゃんとの出会いです。タカ君の家は八百屋さんで、お父さんもお母さんも忙しいので、おじいちゃんがずっとつきそいをしていたのでした。タカくんは再生不良性貧血ですが、薬をのんで落ちついているので、おじいちゃんも明るくつきそい生活を楽しんでいました。

じつに器用な人で、いろんなものの修理ができるものですから、看護婦さんたちが、「ちょっと、これ、なおしてえ」とこわれたものをもってきたりしていました。また、このおじいちゃんは病室の主《ぬし》みたいになっていて、病院内のことはなんでもよく知っていました。新しく入院してきた子どものお母さんたちに、「入院中の心得」のようなものをきちんと教えてくれていました。

病院の夕食は五時ごろに配膳され、それを冷えないうちに食べると、夜中にはかならずおなかがへります。消燈になると、おじいちゃんは、「山田さん、ラーメンつくろう」といってお湯をわかしはじめます。できあがるのはインスタント・ラーメンですが、看護婦さんの目を盗んで食べるラーメンはなかなかの味でした。ともすれば暗くなりがちなつきそい生活を明るくしてくれたのがこのおじいちゃんで、大げさにいえば、こういう人が医療の底辺をささえているのだと思ったものでした。

娘の危機、そして、奇蹟

しかし、涼の病状はいいほうには向かいませんでした。一歳四か月のときには、ある日、とつぜん左半身がきかなくなるということも起こりました。原因はよくわからず、ただ、血小板という血液を固める成分がへっている時期でしたから、脳のなかで出血したのだろうと予測するていどでした。

じつはこの時点で、ぼくは薬を使っての治療に踏みきれないでいました。白血病に似た状態なので制ガン剤を使えばよくなるかもしれないと主治医がいい、使いたそうなそぶりを見せ、連れ合いもまた、そうしてみたいようすでしたが、ぼくは「へたにそんなきつい治療をすると、逆効果になるかもしれない」と主張して使わないできていたのです。しかし、その当時の涼の状況はといえば、このままいけば、三歳まで生きられるかどうかわからないという悲観的なものでしたから、連れ合いのほうは、「イチかバチかということであろうとも、なおる可能性にかけて勝負にでたい」という気持ちが強く、それにたいして、ぼくはやや逃げの姿勢をとっていたように思うのです。

半身がきかなくなるということが起こったあとで、「制ガン剤を使っていたら、こういうことにならなかったかもしれない」と連れ合いがいうのを聞いて、ぼくも制ガン剤を使うことに踏みきったのでした。制ガン剤は副作用が強く、使いはじめると、涼の頭髪はドサドサとぬけ、ほとんどツルツルの頭になりましたが、病状のほうは落ちつき、家に帰ることもできるようになりました。

家へ帰れば、また保育園へ連れていくことになります。さきほどお話しした「こじかベビールーム」にふたたびお世話になりました。やせて顔色が蒼《あお》く、頭がツルツルになっている涼を見ても、おばあちゃん保母さんとおばちゃん保母さんは、「お預かりできません」とはいわず、「まあまあ、よく帰ってきたわね、また通ってらっしゃいね」と暖かいことばかけをしてくれました。こんなたいへんな子どもを文句ひとついわず気楽に預かってもらえて、ぼくたちはしあわせでした。こうした人たちにささえられて、ぼくたちは病児をかかえながらの共働きの生活がつづけられたのです。

涼の病状は、いったんはよくなっても、また悪くなり、三歳までは一進一退という感じで経過していきました。しかし、三歳をすぎるころになると、ほんとうに病状が落ちついてきたのです。脾臓が小さくなり、少なかった血小板や白血球もだんだんふえてきて、輸血の必要もまったくなくなりました。からだ左半分の麻痺も、足のほうはかなり動くようになりました。しかし、左手はまったく動かず、そんな状態でしたから、歩いたのも四歳すぎてからのことでした。知恵も遅れていましたが、そうしたもろもろのことはたいした問題ではなく、とにかく生きていてくれさえすればというのがぼくの心境でした。

この間、涼が二歳五か月になったときに弟の圭がうまれ、子どもは二人になっていました。圭がうまれたときは、まだ涼の状態はけっしてよいほうに向かってはいない時期で、ちょっとたいへんでした。

連れ合いが圭の出産のために入院して、ぼくが一人で涼をみているときに、まったく間《ま》が悪いことに、涼がはしかになってしまったことがありました。基礎体力がないものですから、はしかも重く、涼はぐったりしてしまいました。そして、もうひとつ間《ま》が悪いことに、ぼくも持病の痔がひどくなり、動くのもおっくうになったのです。一時は「お母さんと涼とぼくと三人いっしょに入院しちゃおうか」と思いつめそうになるほどたいへんでした。けれども、圭が生まれてくると、その圭の存在が、涼の状態がよくないことによる重苦しい思いをふり払うのにじゅうぶん役だってくれたのです。

そういうなかで、なかばあきらめていた涼の病状が奇蹟のように好転していったのです。なにが好転させたのかといえば、はっきりと断言はできませんが、やはり制ガン剤の力であったろうと思います。

　制ガン剤を使うことになってからも、ぼくは制ガン剤の副作用がこわくて、なんとかほかの治療も併用したいと思い、急拠、漢方医学をかじりはじめました。そして、十全大補湯とか加味帰婢湯とかいう漢方薬も併用したのですが、これらの効果でよくなったのだとはどうしても思えず、制ガン剤を使うという判断が正しかったのだと思えるのです。しかし、その基礎には、やはり子どもがもっている「しぜんに治癒に向かっていく力」があったと思われます。

　子どものからだというものはしぜんになおっていく強い力をもっているのです。それなのに、そういう力を発揮させることなく、病気を強引におさえこんでしまおうとするような医学が横行している状況は困ったものだと思います。ぼく自身は、子どもが本来もっている自然治癒力というものをかなり信じているところがあって、それが日常の診療の場でネアカだと患者さんにいわれたり、あるいは涼の看護をしているあいだもあまり落ちこまないですんだりした原因にもなっているのでしょう。

地域に共同保育所をつくる

　こうして涼のからだの状態が好転してくると、つぎに涼をどう育てていくかということがぼくたち二人の課題になりました。これまでも涼をふつうの子どもとして、特別なあつかいをしないで育てていこうということがぼくと連れ合いとのあいだの暗黙の了解になっていましたから、病気が不安定な時期にも保育園にかよわせたりしていたのです。

涼は二歳になって「こじかベビールーム」の上限年齢を越えました。ここは二歳までということになっていたのです。それを機会に連れ合いは子どもの遊ぶ場所もないマンションの生活を脱して、もっと郊外の緑のある場所へ転居したいといいました。そこで、田無市というところへひっこすことにしたのです。ここは新宿から西武線の急行にのってわずか三十分くらいのところなのですが、小ぢんまりとした町で緑もゆたかでした。そこに小さな一戸建ての貸家を借り、新たな生活をスタートしました。

田無市に移ると、連れ合いは精力的に動きはじめ、涼を集団のなかで生活させる手だてをしました。田無には障害児の通園施設があり、涼をまずそこへ入園させることにしました。

しかし、障害児だけの集団での生活では社会性を育てられないのではないか、障害をもってこれから生きつづけていくには、地域の人たちとともに生きていくということがなによりも必要ではないか、という思いがぼくたちにはありました。といっても、ぼく自身はそういう思いを行動に移すことをサボタージュしていまして、もっぱら連れ合いが自分のプランを実行に移していったのですが、連れ合いのプランは、まず田無に共同保育所をつくるということからはじまりました。一九七六年のことです。ちょうどそのころ、東京ではいろいろな地域で共同保育所づくりがはじめられていました。

共同保育所というのは、「自分たちの保育所がほしい」と考える親たちが集まって設立し、親たちが運営していく保育所です。子どもの保育をするという仕事は、親たちがローテーションを組んで交替でする場合もあれば、親たちが専従保育者を雇って、その人たちにしてもらうこともあります。

いずれにしても、あくまで親が運営主体であり、専従保育者がいる場合でも、どんな保育をしていくかということについては保育者と親とがいっしょに話しあって決めていきます。公立保育園などですと、どうしても預ける側・預けられる側という二つの立場ができあがってしまい、また、保育の専門家と、保育についてはシロウトである親という二つの立場にわかれてしまいがちですが、共同保育所ではそういう関係はないのです。

ただ設立にも運営にも、親たちが資金をだしていかねばなりません。行政からの助成はあるものの、その額はわずかなもので、とてもそれだけで運営していくことはできません。結局、親たちがかなり高額の保育料を払うことになり、一方、専従保育者たちは低賃金に甘んじなければならぬという状況がうまれます。そこで、どの共同保育所でも財政的な面でとても苦労していました。それでも、「子育てを自分たちの手でしたい。公立保育園の多くがしているような管理的な保育はいやだ」という親たちの思いは、そういう困難を越えてつぎつぎに共同保育所をうみだしていったのでした。

週に一日は保父さんになる

連れ合いはミニコミなどをつうじて保育者の募集をはじめました。大学をでたばかりの若い女性など数人がすぐに協力を申しでてくれました。

ぼくたちの共同保育所は「にんじん」と名づけられ、専従保育者三人、子どもを預ける親十人ほどでスタートしました。親たちもなるべく保育に参加するという申しあわせがされ、連れ合いもぼくも保育にはいることになりました。涼の病気がはっきりしたころから、ぼくは週のうちの一日、木曜日を仕事をしないフリーの日にあてていましたので、この日を保育者として仕事をする日に決めました。木曜日は朝から夕方まで、医者ではなく保父としてすごすことにしたのです。これはいまからふり返ってみても、そうとうに楽しい体験でした。

ぼくの保育のスタイルについてはけっして周囲の評判はよくなくて、怒られることもしょっちゅうでしたが、それでもおもしろく楽しかったのです。

ぼくのどんなところが怒られるかといいますと、たとえば、保母さんたちは食事の内容にきびしくて、甘いものなどをなるべく食べさせないようにしているのに、ぼくは子どもたちを連れて散歩に行くときなど、つい子どもたちのご機嫌をとろうとして甘いものを買い与えてしまうというようなことがありました。

また、ぼくは幼い子どもたちを連れて電車に乗り、新宿まで行って駅からつづいている地下街で子どもたちを走りまわらせたりしました。ぼく自身、にぎやかなところが好きなため、郊外よりも都心に足が向いてしまうので、つい、そういうことになってしまうわけですが、子どもたちをサンサンと降りそそぐ日光のもとではなくて、日のまったくあたらぬ地下街を走りまわらせるということに、まわりの人たちはまゆをひそめたのです。

また、保育の仕事のなかには食事づくりの当番もあって、ときどき作らなければならないわけです。

ところで、ぼくはこう見えても料理はきらいではなく、おまけに買いものが大好きということもあって、そういうことが家事の分担を容易にさせたと思います。料理がきらいではないというのは母が病弱だったことに起因していると思います。ぼくの母はとてもからだの弱い人で、よく寝こんでいましたし、寝こまないときでも、極端な低血圧のために朝おきられないというのがふつうでした。それで朝食は父がつくることが多く、母が寝こんだときは夕ごはんも父とぼくでつくったこともありました。

八百屋さんや肉屋さんへの買いものは子ども時代にしょっちゅうしていましたから、買いものも好きです。デパートめぐりなどは趣味の一つといってもよく、とくに台所用品の売り場などへ行きますと、あれもこれも買いたくなって始末に困るほどです。

母が料理を作るところをよく見ていたものですから、母ゆずりの独得の酢豚とか串カツとか得意なレパートリーもあります。卵の焼き方や、玉ねぎのみじん切りの技術などは「にんじん」の保母さんたちからもほめられたりしたものでした。

ところが、食事当番の仕事のなかには昼食づくりのほかに、おやつのお菓子づくりというのがあって、これができないのです。ぼくはほとんど間食をしないお菓子ぎらい人間ときていますから、ふだんからお菓子というものに興味がありません。興味がないと、うまくできないということがおやつづくりでわかりました。

ホットケーキを焼くのに、ちゃんとホットケーキ・ミックスを使っていながら、うまくいかないのです。外側は焼けすぎ、内側はなま焼けといったとんでもないものをつくって、保母さんや子どもたちからごうごうたる非難をあびたりしました。

まあ、しかし、そうした失敗もご愛敬といったところで、とにかく楽しませてもらえました。こういう経験は小児科医にとって必要なことだったと、いま、しみじみ思います。ふつう小児科医というのは病気の子どもしかみていないからです。病気の子どものことがわかるには、病気でないときのようすも知っていなくてはならないなどとよくいわれ、それは当然のこととも思われているのですが、実際には、小児科医は健康なときの子どもたちの姿にあまり興味がないようなのです。

たとえば、保育園の園医さんも、子どもたちが、日常、保育園でどんな生活をしているか知らない場合が多いんです。健康診断や予防接種のときだけ園にきて、仕事が終わればそそくさと帰ってしまうというのがふつうです。学校の校医さんも同様で、子どもたちのふだんの学校生活については知りません。健康診断のときだって、機械的に子どもを見ていくだけです。

これではやっぱり子どもたちがなにを考え、どう生きているのかが理解できないのではないかと思います。そういうことが理解できないまま日常の診療に臨めば、子どもの気持ちを考えないで医者の思いを一方的に子どもたちに押しつけてしまうことになるのではないでしょうか。ぼくは週に一度だけとはいうものの、数年にわたって保父の仕事をして子どもたちとたくさん遊び、その経験を診療に生かすことができたと思っています。

共同保育所から公立保育園へ

涼は「にんじん」にかよいながら通園施設にもかようという二足のわらじでしたが、だんだん通園施設を離れて「にんじん」での生活の時間が多くなりました。

「にんじん」には公立保育園のようなカリキュラムもなく、自由で気ままな保育をしていました。お天気がよければ、しぜんにどこかへ散歩に行こうということになり、雨ならば、図書館へ行ったり、児童館へ行ったり、あるいは、「にんじん」の保育ルームですごすことになります。それはちょうど家庭での子育ての延長のようなものであって、「保育園なのだから、子どもをのばす保育をしなければならない」というように肩ひじ張って考えず、子どもがありのままに育っていくのをじゃましないで手伝っていこうという姿勢でした。こんな場所でしたから、障害をもっている涼もほかの子どもたちとまったくおなじようにあたりまえに育っていきました。

「にんじん」は十年以上の風雪に耐えていまもつづいていますが、専従の人たちも代がわりをし、おりおりに衣がえもしてきました。十数年つづく過程にはさまざまな意見の対立や人間関係の破綻もあり、けっしてきれいごとですんだわけではありません。しかし、「にんじん」が堅持してきたステキな伝統があります。それは、たとえば、障害児をあたりまえに受けいれ、健常児といっしょにあたりまえに保育してきたという伝統です。障害児保育が普及したいままでは、このことはさしてめずらしいことでもありません。でも、専従保育者のなかに障害をもった人もいたという伝統は、かなりめずらしいことといえます。

かつてはポリオのために左腕のきかない男性保育者がいました。「ひげにい」と呼ばれたこの保父さんから涼はたくさんのことを教えてもらいました。「ひげにい」は、やはり左腕のきかない涼に、入浴のとき、片腕だけで背中を洗うにはどうしたらいいかとか、片腕で洋服を着るにはどうしたらいいかとかいったことを伝授しようとしていました。幼かった涼はそうした技術は獲得できませんでしたが、「ひげにい」と涼とのあいだにかよいあうものはとても大きかったように思います。現在は弱視の保母さんがいます。その人は学校時代はずっと盲学校に行きつづけたという人です。

「ひげにい」にしろ、この保母さんにしろ、保育の仕事をするうえでハンディはあるのですが、まわりの人たちはそういうことをまったく気にせず、きわめてふつうの関係でいっしょに生きています。これはそうとうすばらしいことではないでしょうか。

こうして涼は楽しい日々を送っていましたが、学校へ行く年齢が近づいてくるにしたがい、学校はどうするのかということが問題になってきました。当然、地域の普通学級へ行かせるとぼくたちは考えていましたから、そういう設定のうえで「にんじん」という環境はどうなのかと考えてみました。

子どもたちは四歳になると、「にんじん」を卒園していきました。さっきもお話ししましたように、保育料が高いので、ずっと「にんじん」にいるということにはなかなかならず、たいていの子は、三歳いっぱいで公立保育園へとでていくのです。四歳以降も「にんじん」で自由な生活をさせたいと思う親もいたのですが、同年齢の子どもがほかにいないとなると、ちょっと考えてしまいます。こうして三歳以下の子どもばかりがいる園となり、涼にとっては同年齢の仲間がいなくなってしまったのです。そこで、もっと広い集団にいれたい、それも涼といっしょに地域の学校へ入学する子どもたちのたくさんいる集団がいいということで、公立保育園へ涼を入園させようという話になりました。

しかし、当時、田無市の公立保育園では、まだ障害児保育がとり組まれていませんでした。ただ、全国的に公立保育園で障害児保育にとり組もうという気運が盛りあがっていた時期であったのがさいわいしました。市の職員組合に「障害児保育について考えてもらえませんか」と求めたところ、田無市の職員組合はじつにていねいな対応をしてくれたのです。「いまの社会では障害者と健常者が離れてくらしている。だから、自分たちは障害者のことをよく知らない。そういう現状を反省して、ぜひ障害児保育にとりくみたい」という誠実な回答が返ってきました。こうして話はとんとん拍子にすすみ、公立保育園での障害児保育がはじめられることになり、涼はその一期生として入園していきました。

公立保育園で新しい友だちといっしょの生活がはじまり、涼はとてもしあわせそうでした。田無市の公立保育園にはゆったりとした自由な空気があり、そういう雰囲気が涼のような障害児が入園していったときにプラスに作用しました。涼はいじめられることもなくのびのびと生活していました。やがて保育園を卒園し、保育園での友人たちといっしょに地域の普通学級へ入学していったのです。

第4話　障害児が生きにくい社会は病んでいる

●普通学級で学ぶ娘からの問い

日本は「がんばり社会」

保育園とちがって、学校での障害児の受けいれはきびしいものでした。ご存じのかたも多いと思いますが、いまの学校教育では普通学校のほかに養護学校、盲・ろう学校などが設けられ、また、普通学校のなかにも障害児学級が設けられていて、障害児はそうした場所で教育を受けることを行政によってすすめられます。

涼は小学校・中学校を普通学級のなかですごし、ことし(一九八八年)、とうとう中学三年になりましたが、その間、ぼくたち保護者にたいして市の教育委員会や学校は「お宅のお子さんは普通学級にいてはしあわせになれない。お子さんのしあわせを考えるなら、特殊学級や養護学校のほうがよいと思います」という説得をつづけてきました。ぼくたちはそれをはねのけ、まあ、いろんな苦労がなかったわけではないけれど、九年間、涼を地域の子どもたちといっしょに生きさせてきたのです。

そこで、障害児教育についてぼくが考えていることを少々お話ししてみることにします。ちょっと堅苦しい話になるかもしれませんが、お許しください。

ぼくは、すべての障害児は健常児とともに普通学級で生活し、学んでいくべきだと考えていますし、そういうことが可能な学校になってほしいとも考えています。ところが、こういう考え方について「あまりに理想主義だ」とか「極端すぎる」とかいう人がいます。「教条主義だ」なんてよくわからない批判をする人もいました。

しかし、日本という社会がもっている障害者にたいしてのただならぬ差別状況を考えるとき、しかも、そういう状況が少しも変わっていこうとしない現実を考えるとき、ここはひとつ思いきったジャンプをしないと、どうにもならないと思うのです。これはなにも障害者にかぎったことではなくて、病気や病者にたいしてもすごい差別がありますし、お年寄りにだって「医療費を食う金食い虫」といった非難があびせられ、医療費をなんとか削減しなければということが不断に論じられています。福祉のためにじゅうぶんお金を使ったために多少、貧しい国になったとしても、それはそれでかまわないと思うんですが、そういうことは考えない社会になってしまっています。

健康であるあいだはなんとか楽しく生きられるけれど、いったん病気や障害をもったら、たちまち悲惨な状況におかれてしまう、これが日本の現状であることはよく知られています。でも、これはとってても情ないことです。こういう社会をつくり変えていくために障害者や障害児がどんどん活動し、発言するようになったというのがここ二十年ほどの日本の歴史であって、そういうなかにぼくと涼の選択も位置づけられると思うのです。

そこでまず、この「〝障害者にとって生きにくい〟日本の社会をとらえなおしてみる」なんていう、ちょっとカッコつけた作業からはじめてみましょう。

最近、ぼくはちょっとおもしろい本を見つけました。天沼香さんというかたが書かれた『〃頑張り〃の構造』(吉川弘文館)という本です。この本、サブタイトルが「日本人の行動原理」となっていまして、「〃頑張り〃〃頑張る〃ということばは、日本人の民族性を考えるうえで一つの重要なキー・ワードたりうるのではないか」という天沼さんの問題意識から生まれたものであることがわかります。

この本を読んで、ぼくはいちいち納得してしまったのですが、日本社会は、「がんばることがよいこと」という考え方を基本にすえた壮絶な「がんばり社会」なんですね。国民のひとりひとりにたいして、それぞれのがんばりどころが割りふられています。たとえば、母親は育児と子どもの教育にがんばり、父親は会社のためにがんばり、子どもたちは父母の期待に答えようと勉強にがんばる。先生は、国が求める人材をつくるために子どもたちをビシビシしごいてがんばるというようにです。

みんなまじめにがんばったおかげで、日本は高度成長もはたしたし、経済大国にもなりました。しかし、それとひきかえに、なんだかすごく息苦しい社会になってしまって、ちょっとサボタージュをきめこんでいると、みんなから非難されるし、「がんばらない人間」という烙印を押されると、社会からの脱落者とみなされて差別を受けるというひどいことになってしまいました。

ぼく自身も日常の生活ではけっこうがんばっちゃって、涼の教育についての教育委員会や学校とのかけひきも客観的にはがんばったということになっているようですが、自分では「そんなにがんばっちゃいけない。肩の力をぬこう」と努力してきたのです。

しかし、このがんばり社会は障害児や障害児の親にたいしては、とりわけがんばりを要求します。がんばりにがんばって健常者に近づこうとする障害者や、健常者とほぼ互角に仕事ができるような障害者はおおげさなほどの拍手で迎えられますが、がんばっても、そんなにいろんなことができない障害者は評価されません。ましてや、「がんばろうとしない障害者」には社会の目はまことに冷たく、彼らははっきりと差別的な扱いをされます。

しかし、たとえば、知恵おくれの子どもは、自由・気ままにがんばらないで生きていきます。がんばるという行為をしないのです。また、最近は、いくらがんばっても仕事はキツイし、賃金も低いので、「なんでこんなひどい労働をしなければならないのか」と腹をたててがんばることを拒否している障害者もいます。こういう人たちにたいして、世間はまことに冷たいまなざしを送るのです。

最近はテレビなどでも、障害者を主人公にしたドラマが放映されることも多くなりましたが、そういう主人公は、まずまちがいなく「がんばる障害者」です。からだは不自由だけれども、学校では抜群の成績をとったとか、人に負けない技術をもっているとかいう人が主人公となり、その美談に健常者は涙を流します。そして、「こんなにがんばる立派な人を差別してはいけない」という思いを抱きます。実際、こういう人たちには行政をはじめとしてさまざまな援助の手がさしのべられ、それがまた美談として報告され、「ふんふん、日本の福祉もなかなかのものだわい」と市民に思わせます。

しかし、そうした暖かい手がさしのべられるのは、「がんばって成果をあげた障害者」にたいしてだけであり、からだが不自由で知恵も遅れているといった人たちについては別扱い、冷たい眼が向けられるのです。

それでも、たとえば、運動会で肢体が不自由で知恵おくれもある子どもたちが、ひとり離れて一生懸命に走り、ゴールにはいったときなどには、盛大な拍手が起こったりします。しかし、それはそこだけのこと、運動会以外の日常の場では彼らは無視され、仲間はずれにされることが多いのです。

「がんばってもできない障害者」は自分の権利を主張することもままなりません。「分をわきまえた」発言や行動をしていれば、同情もえられますが、強い自己主張をしたりすると、とたんに世間の視線は冷たくなります。「障害をもっていても、地域の学校へ行って隣近所の子どもといっしょに学びたい」「成人しても地域の仲間と日常ふれあいながら生きていきたい」といった主張は、身のほどを知らぬ傲慢《ごうまん》な発言と受けとられてきましたし、いまでも多くの人の心理の底流にそういうものがつづいているようにも思われます。

うさんくさい訓練法の氾濫

こういう社会のなかに生きなければならないので、病児や障害児の親の多くはめちゃくちゃにがんばってきました。とにかく一歩でも健常児に近づかなければ、市民権もえられないという思いで、必死に訓練などを行なっています。

一方、「早期に治療・訓練を行なうことで障害児の障害がとりのぞかれ、健常児になる！」といった宣伝が専門家たちによって不断に行なわれ、つぎつぎに新しい方法が提示されてきました。「頭をよくする方法」「やせる方法」と銘打ったものがつぎつぎと現われてくるのとおなじように、「障害がなおる方法」はつきることなく現われてきます。

「やせる方法」といったものにはなんとなくうさんくさいところがあり、非科学的なにおいもあって試みる人も半信半疑といったところがあるでしょうが、障害児の訓練法というものはいずれも科学の衣をまとい、いかにも効果が期待できそうな理論に裏づけられているようにみえます。だから、親たちは一生懸命にその方法を試みます。そして、そうした方法によっても障害がいっこうに変化しないと、「うちの子どもはよほど重いにちがいない」とか、「自分のやりかたが不十分だったのではないか」とかいう思いにとらわれ、自分を責めたりするようにもなるのです。

たとえば、ドーマン法という訓練法では、保護者が一日中、訓練にあたることが必要とされていきます。その役目はたいてい母親がひきうけていますから、母親が訓練に全身全霊をささげる毎日を送るということになります。これまでしてもじゅうぶんな効果が見られなかったら、どういうことになるのでしょう。その母親は絶望的な気分に陥ってしまうはずです。

ドーマン法を紹介している本を読んでみますと、「奇蹟的によくなった症例」がオーバーな表現で書かれていますが、この方法によってもよくならない例はたくさんあるはずです。そうした例にはまったくふれられていないのもこうした書物の特色です。およそ医学的な治療法で一〇〇パーセントの治癒率をもつものなんてないはずで、一〇〇パーセントをうたっているとしたら、そのことだけでインチキくさい治療法と断じてよいと思います。

ぼくの知っている人のなかにも、かつてドーマン法を一生懸命に自分の子どもに試みたけれども、効果がなかったという経験をしている人がいますが、そういう人は「ドーマン法を信じた自分が悪かった」とか、「子どもの状態が悪すぎてドーマン法にむかなかったのだ」とかということで自分を納得させています。このような人たちが声高に非難することがないので、ドーマン法のような訓練法が相変わらず人気をえたりしているのですが、アメリカでは事情がちがうようです。

東京大学医学部のリハビリテーション部教授である上田敏さんは、その著書のなかで「アメリカではドーマン法がいくつかの障害者団体から告発された」と紹介しています。こういう事情をみると、日本ではまだまだ障害児（者）側からの声が弱いのだと思わざるをえません。

上田さんはおなじ著書で、「脳性麻痺の訓練法というものはたくさんあるが、おたがいに自分の治療法を誇るばかりで、その状況は百家争鳴というより百鬼夜行といった状態である」と鋭く指摘していますが、実際にそうした訓練を行なっている専門家たちからは、それに答える発言がみられません。わずかに最近、障害児医療の専門家である小児科医の児玉和夫さんが、「これまで熱心にボイタ法を行なってきたが、いま、ふり返ってみると、効果がなかったというしかない」と率直に発言しているのがめずらしい例外ともいえるものです。

ボイタ法は、十数年まえに「この方法で世の中から脳性麻痺児はいなくなる」といった派手な宣伝のもとに鳴りものいりで登場した訓練法です。これを契機にして「障害児の早期治療・早期訓練」ということもさかんにいわれるようになり、それは障害児医療のうえで大きな事件といってもよいものでした。この方法では、生まれて二か月、三か月といった幼い赤ちゃんのからだの反応をいろいろ調べて、ちょっとでも疑わしいところがある場合、すなわち、将来、脳性麻痺の症状が現われてくる可能性ありと判断された場合には、すぐに訓練をはじめることになります。

いくつかの地域の保健所などでは、この方法にたいへん熱心な保健婦さんが目をこらして赤ちゃんのチェックをするといったことも行なわれました。あまりに細かいところまでチェックするので、全体の赤ちゃんの半分が異常ということになってしまったなんていうすごい話を聞いたこともありますが、とにかくこの方法は熱狂的に行なわれました。

　十年あまりの実践のあと、児玉さんは、「あまりに細かくチェックして、しぜんに育っても脳性麻痺にならない赤ちゃんを訓練することになってしまった。よくなったように見えたのはボイタ法による訓練でよくなったのではなく、なにも手をかけなくても、〝異常にみえたもの〟はしぜんになくなっていったのだということがわかった」と総括したのです。児玉さんはそのボイタ法を日本に紹介した一人であり、少なくとも東京近辺ではボイタ法の普及にもっとももつくした専門家であったといっていいのですが、その人がこういう発言をしたのです。

　医学の専門家たちが、自分が普及させた治療法について「じつは効果がなかった」といいきるのは、日本ではきわめてまれなことです。そういう意味で児玉さんの発言はすごいと思うのですが、かつてボイタ法がはじめられたころの専門家たちの大宣伝にくらべると、声がずっと小さいので、いまでもボイタ法の信奉者はいっぱいいるという事実が残ってしまっています。

　脳性麻痺だけでなく、そのほかのいろいろな障害についても、早期に発見して早期に治療することで改善が見られるような治療法は、まだ確立していないのです。

　でも、こういっているぼく自身も、涼は左半身が不自由なので、その障害について、訓練してはどうかなと考えてみたことがなかったわけではないのです。それは涼が三歳ぐらいのころだったと思いますが、ぼくの友人である整形外科医が勤務する肢体不自由児むけの病院の訓練士に「どんな訓練をしたらいいでしょうか」とたずねてみたことがあります。その訓練士は具体的な訓練法を教えてくれました。

　つぎにぼくは、べつの友人である小児科医が勤めているおなじような病院の訓練士に、おなじ質問をしてみました。すると、まえの訓練士が教えてくれた方法とぜんぜんべつの方法を教えてくれたのです。ぼくが「べつの病院ではちがう訓練法を教えてもらったんですけど」といって教えられた内容を話しますと、その訓練士は驚いた顔をして、「そんなやり方では歩けるものも歩けなくなってしまう」と叫びました。これにはぼくのほうが驚きました。そして、どちらも信じられなくなったのです。

　これ以後、ぼくは訓練をする気が起こらなくなりましたが、それはよいことだったと思っています。訓練をしないと決めたということは、いいかえれば、障害があったっていいじゃないか、障害のあるからだだって、それがあたりまえのからだなのだと思えばいいじゃないかという、悟りというか開きなおりというか、ある種の楽観主義がぼくの心のなかに定着したということです。こうなると、とても生きやすくなりました。あれこれ考え、悩むことが少なくなるのです。

　しかし、ぼくがそういう心境になれたのは、ぼくがプロの医者だから、医学というものに圧倒されることもなく、その内容をはっきりと見定められるという有利さをもっていたからかもしれません。医療の内実を知らない一般の人なら、知らず知らずのうちに「患者の役割」を演じさせられてしまうことになるのだと思うのです。

「患者の役割」を演じるな

ここで「患者の役割」なんていうことばをとうとつにだしてしまいましたが、ちょっと説明が必要でしょうね。

「患者の役割」とか「医者の役割」とかいうことばは社会学の世界で使われることばですが、それによると、この社会のなかで、ぼくたちはそれぞれの役割を演じているということになるようで、それはじつは、期待されている役割を演じさせられているのだということでもあるのです。

『新しい問診・面接法』(津田司監訳・医学書院)という本に、「患者の役割」についておもしろく書いてありますので、引用してみましょう。

> われわれの行動は社会のなかでどんな役割を果たしているかによって変わってくるものである。親として、夫として、学生として、労働者として、あるいはトランプのポーカーをしている時、などでそれぞれ違ったように行動する。
>
> 逆に、相手は、われわれの役割がどうあるべきだと考えるかによってそれぞれ異なった反応を示す。すなわち相手は、われわれがある社会的役割を果たすときにはある一定の行

動をとるはずだと期待し、心のなかでそのように予期しながら反応するのである。

患者は一般に患者の役割に適応する前に、病気の役割を演ずる。病気の役割は、社会の中での一定の機能を果たすことができないので、逸脱した役割と見做されることがある。しかし、以下に述べるような状態の場合はたとえ逸脱していても道徳的にはとがめられないのが特徴である。

第一に、機能を果たせない状態が個人の意思の力ではどうにもならないと見做される時、第二に、病人が自分の逸脱した状態に気づいており、そこから回復し、できる限りの社会復帰をしたいという願望を表わす時、そして第三に、他の人たちが妥当と考えている医療職の人にアドバイスを求め、そしてそれに従いたいという希望を表明する時、の三つの場合である。

病気が病人自身の不摂生から生じたと見做される場合は、非難は免れないし、しばしば罪の意識や自責の念にかられるはめになる。この場合は、病気の役割を果たしたいという患者の希望も許されないであろう。まさに、治療に専念することこそが健康に対して犯した罪の償いとなるのである。

望ましい患者の役割行動とは、医師に〝身柄を預け〟、そして〝良くなりたいという希望〟を表明することである。患者の行動は、医師の権威を受け入れるかどうか、また自分

――の自律性をある程度喜んで放棄するかどうかによって変わってくる。――

人間のもつ生産力の多寡が社会への貢献度の指標となり、より多くの商品を生みだす人が価値ある人と考えられる資本主義社会では、病気になって生産を担えなくなった人は仲間はずれ(逸脱)としてあつかわれます。自分の不摂生で病気になった人などは非難の的です。しかし、病気になっても、医者のいいつけに従順にしたがい、一生懸命になおそうとする意欲をみせた場合は、まあまあ許されるということなのですね。

これがぼくたちの生きている社会のルールになっているのですが、そんなルールにしたがって患者として期待されている役割をおとなしくはたしていると、とんでもないことになりかねません。医師の権威を受けいれ、自分の自律性をあるていど放棄するなんてことをしてしまったら、薬づけや検査づけにされたりするばかりか、人体実験を試みられるといったひどいことだってされてしまうでしょう。

だから、病気や障害をもったところで、けっして卑屈にならず、「病人や障害者をもささえあって生きていくのが社会のあるべき姿のはずだ。人間、お互いに迷惑をかけあって生きてるんじゃないの」と開きなおってしまうことが必要で、そうしないと、一生、自分の権利を主張できないまま生きていかなければならぬ可能性さえあるのです。

そうはいっても、障害児をもった親にとっては、こんなふうに開きなおることはむずかしい。

それはやっぱり社会からのいろいろな非難にさらされるからです。自分の不摂生から障害児が生まれたのではないのだけれど、やれ、「こんな子が生まれたのはおまえの血統が悪かったからだ」だの、「生まれた直後の母親のスキンシップがたりなかったから、障害児になったのだ」だのという非難を浴びせられ、そういうなかで、親自身もつい罪の意識をもってしまって、「犯した罪の償いのために」治療に専念することになったりするのです。

「特殊学級」は学校のなかの異常

「日本では障害者にたいする差別はほとんどなくなっている」とか、「日本の福祉のレベルはそうとうなものだ」とかとシャーシャーという人がいますが、現実には、日本の福祉のレベルはひどく低いし、障害者にたいする差別も恐ろしいかたちで存在しているのです。そのあたりのことをもう少しみておくことにしましょう。

最近、障害児にたいする明らかな差別事件がいくつか報道されました。

その一つは、「卒業アルバム事件」です。これは、ある小学校の卒業記念アルバムに、障害児学級の子どもたちの写真が掲載されていなかったという事件ですが、学校側の弁解では、アルバムが配布されるまで気づかなかったウッカリミスだという話です。

いまの学校には、障害児を健常児とはべつにして一つの学級に集める「障害児学級」があります。障害児学級は、正確にいえば、特殊学級です。特殊学級ということばは差別的でい、被差別部落にたいする差別を想起させるようなことばを使うべきでないというが、ぼくはむしろ、差別されている場所であることをはっきりさせた特殊学級といほうがいいと思っています。なにやら響きのいい呼び名にして、その実態を見る目をのはよくないと思うのです。ここでは、一日もはやくそういう「わけられた場所」はなくたほうがいいという思いもこめて、特殊学級と呼ぶことにします。

特殊学級には特別な呼び名がついているのがふつうです。「たんぽぽ学級」だの、「なかよし学級」だのというように、幼稚園のクラスの名まえが、そのまま学校のなかへもちこまれてきたような、そんな呼び名がついていることが多いのです。

障害児たちだけで編成された学級が普通学級とはべつにあれば、普通学級の子どもたちがその学級を特別な目で見るようになるのは当然です。「バカ学級」と露骨にいう子どもたちもいます。特殊学級がそういう存在であることは認めざるをえないから、せめてカモフラージュしようと、かわいい名まえをつけるということなのでしょうか。もしそういう意図だとしたら、それは何重《じゅう》にもまちがっています。

どこがまちがっているかというと、第一に、「たんぽぽ」だの「さくら」だのという名まえをつけるのは、その学級の子どもたちを一人まえにあつかわないで、赤ちゃんあつかいしているからでしょう。施設や精神病院などで、若い職員が自分よりもずっと年上の患者さんを

「……ちゃん」と呼ぶのはけっして愛情表現ではなく、差別的な表現なのだということが、最近、問題になっていますが、特殊学級の名称もおなじようなものだと思います。

第二に、一組・二組・三組とあって、そのつぎが四組でなく「たんぽぽ組」ということになれば、「たんぽぽ」という名まえそれ自体が普通学級の子どもたちの差別感を呼びさまし、新たな差別をかさねることになるでしょう。

ぼくがかつてある地域の教師の集会に助言者として参加したとき、一人の教師がつぎのような発表をしていました。

「わたしの学校の特殊学級は、以前、あけぼの学級という名まえがついていた。ところが、普通学級の子どもたちがあけぼの学級の子どもたちを〝あけぼののかんづめ〟といってはやしたてる。そこで、あけぼのという名まえをやめて、担任の名まえをとって野田学級とした。そうしたら、はやしたてることもなくなり、差別が解消された」

ぼくはびっくりしてしまいました。「あけぼの」を「野田」に変えるくらいで差別がなくなるっていう感覚がすごい。普通学級の子どもたちは、あけぼの学級ということばではやすことはなくなっても、こんどはべつのいい方でやっぱりはやしたてるでしょう。

ぼく自身にも思い出があります。小学校六年のとき、ぼくの小学校に特殊学級ができたのです。五年生のときにぼくたちのクラスの担任だったE先生が、新たにその特殊学級の担任になったということもあって、はっきりと覚えています。五年までいっしょのクラスにいたY君が特殊学級に移っていきました。そのことでぼくの心のなかにはっきりとY君にたいする差別感が生まれました。そのクラスは校舎のはしっこにありましたが、なにかおどろおどろしいといった感じがしたものです。

ぼくが六年のときですから、一九五三年ということになりますが、特殊学級というものがつくられはじめた最初のころのようです。ともあれ、おなじクラスにいたときのY君と特殊学級へいったY君とはちがうY君のように感じましたし、そのクラスの担任になったE先生も、なんだかとても遠くへ行ってしまわれたように思ったものです。要するに、この特殊学級は学校のなかの異常というべきものに感じられたのでした。

差別と闘う力を身につける

話をもどして、卒業アルバムに特殊学級の子どもたちの写真がのらなかったという事件がどうして起こったのかを考えてみますと、学校のなかで、この学級はぜんぜんべつの世界と考えられていたのだろうと思います。いいかえれば、忘れられた学級であり、無視されていたんでしょうね。アルバムをあけてみた教師たちが、そのクラスの子どもたちの写真がないことに気づかず、子どもたちの親からの抗議の声でやっと気づいたという経緯をみても、この子どもたちが教師たちから忘れられていた存在であったことがわかります。無視される、存在が忘れられるということは、差別のなかでももっともひどい形態のようにぼくは思います。

さてもう一つ、「民間のプールにおける記念品事件」というのがありました。ある市の市営プールで、十万人目の入場者を表彰して記念品を渡すことになりました。そうしたら、その十万人目にあたったのが養護学校の生徒だったんですね。そこで、プールの職員はその子どもをはずして十万一人目の子どもに記念品を渡したというのです。

この事件も、職員がどう弁解してみても、とんでもない差別事件であることはまちがいありません。外国での生活経験が豊かな友人たちに聞いても、欧米の社会ではこんなひどい差別はちょっと考えられないと口をそろえていいます。日本はすごい国なのです。

日常的なレベルでもこの種のことはよく見られます。

たとえば、あるお母さんが自分の子どもにテストをがんばらせるため、「成績が悪い子は特殊学級へ行かなくちゃいけないのよ」とおどしたという話が新聞の投書欄にのっていました。また、バスに障害児が乗っていたところ、やはりそのバスに乗っていたある母親が、自分の子どもに「いうことをきかないと、あの子みたいになっちゃうよ」といっていたという話も新聞にのっていました。

こういう場面でひきあいにだされる特殊学級の子どもやバスのなかの障害児がどんなに傷つくことかわかりませんが、ひきあいにだす側はそんなことにはまったくおかまいなしなのです。ここでは障害というものは一種の罰、あるいは悪といった見方をされているのだということがわかります。

こういう社会のなかでは、障害者は黙っているかぎり、さまざまなひどい仕打ちをうけることになりかねません。特殊学級や養護学校へかよう子どもたちが、公園で一人ポツンと立ちつくしていたり、線路ぎわでいつまでも電車をながめていたりする姿をよく見かけますが、彼らは地域の同世代の子どもたちから完全に切りはなされているのです。彼らが「なんとか仲間にはいりたい」と健常者のほうへ近づいていっても、冷たく排除されることになるでしょう。

こういう社会をぼくは「病んでいる社会」と考えます。そして、そうした社会は健常な人にとっても住みにくい社会であるはずだともあえて断言します。少数の人間、ハンディをもった人間の自由や権利を大事にしない社会は滅びの道へもつながると思うのです。これはなんとかしなければいけないとぼくは思ってきました。

涼を普通学級へいれてきたのも、彼女が生きていくために必要なのは、彼女自身が少しでも差別と闘う力を身につけていくこと、そして、そういう姿勢が受けいれられ、大事にされるような社会に変えていくことが、学力なんてものよりずっと大事だと考えてきたからです。

いまの学校は子どもの人権がいちじるしく抑圧される場所になっています。そういう学校に自己の権利を強く主張する人間がはいっていくことが、ひょっとすると、学校を変える力になるのではないかとも思っているのです。

「障害児の親にはやたら強い親がいるけれど、どうしてなんだろう」と不思議がる人にときどき出会います。しかし、障害児の親が好きこのんで強くなっているわけではありません。ただ、「地域のほかの子どもたちとおなじ教室で机をならべて学ばせたい」という素朴な願いを口にしたとたん、「なんという理不尽なことを」と寄ってたかって非難されることが多く、そこで「でも、やっぱり普通学級に行かせたい」とこだわれば、そこから行政や学校との闘いがはじまってしまい、いやおうなく強い親に育っていってしまうのです。

しかし、ひとたび「とんでもない親」とまわりの人たちから呼ばれることに慣れてしまえば、もうどんなとんでもないことでもできます。君が代・日の丸はいやだとはっきりいうこともできれば、管理教育はいやだと発言することもできます。こうなると、強い親と呼ばれたりするわけですが、それは強いというより、やむをえず開きなおった姿であり、開きなおったから、ホンネがいえるようになったというにすぎないのではないかと思います。

障害をもつ子の個性を生かす

ところで、涼の学校生活はどうだったかといいますと、それはやっぱりたいへんなものでした。けれども、いまの学校は多くの子どもたちにたいへんな思いをさせているので、そういうたいへんさと涼のたいへんさとにはたいして質的なちがいがないように思うのです。

涼は知恵がおくれています。中学三年生のいまでも、漢字は小学校一年生レベルのものを二、三十読み書きするていど、算数は一ケタのたし算もできません。じゃんけんのルールがまだ理解できないといったところですが、口は達者で、興が乗れば、しゃべりまくり、まわりにいる人が啞然として、「こりゃあ、まちがいなく山田さんの遺伝だわ」とつぶやくこともしばしばです。きわめて明るくにぎやかな子なのです。

そんなにぎやかな涼も、教室のなかではその個性を発揮できず、毎日、折り紙を折ったり、紙を切ったりしてすごしていました。「そんなことをしていてなんになる」という人もいますが、なんにもしていないようでも、けっこう先生の話は聞いていたり、友だちの動向に注意を払っていたりして、ちゃんと集団のなかで生きているのです。

小学校一年のときの授業参観でおもしろいことがありました。その日は水曜日か木曜日かで、ちょうどぼくの育児当番日でしたから、ぼくがでかけていきました。授業の途中で、涼はとつぜん「ハイ」と手をあげました。べつに先生が生徒たちに質問したわけでもないのに、手をあげたのです。なんでこんなところで手をあげるのかなと思って見ていますと、先生のほうもなんとなくけげんそうな顔と、あてたくなさそうな顔と半分ずついりまじった顔をして、でも、やむをえずといった感じで「ハイ、涼ちゃん」とさしました。すると、涼は「先生、寝ていいですか」と大きな声でたずねたのです。教室内は爆笑になりました。先生は、こんどはほっとした気分とがっかりした気分とが半分ずつといった顔で、「ああ、いいわよ」と答えました。

ぼくはおもしろいなあと思ったのです。子どもって授業中に眠くなったり、トイレへ行きたくなったりすることってよくありますよね。でも、トイレへ行くのだって、「行きたい」と先生にいえば、「どうしてこの大事な授業中に行くの」って顔をされるのがわかっているから、なかなかいいだせず、がまんしてしまうのです。その結果、がまんしすぎてもらしちゃって、もっといやな顔をされることもありえるんですけれどね。トイレだってなかなかいいだせないんだから、ましてや「寝ていいですか」なんてちょっといえませんよね。でも、涼はいえちゃうのです。そして、許可をえてどうどうと眠るんです。こういうことって教室の空気をとても自由なものにすると思いませんか。

とにかく、さきほどもいいましたように、涼は底ぬけに明るい性格ですから、学校でも明るくふるまっていました。

学校へ着くと、まず校長室へ顔をだし、「トウチョウ先生おはよう」なんて明るく声をかけます。涼は校長先生も教頭先生もともに「トウチョウ先生」と呼び、親愛の情を表わしていました。声をかけられると、校長先生も校長室からでてきてしばらく涼と遊んだりしてくれます。校長先生が子どもたちと日常的に遊んでいるという風景は最近、あまり見なくなったように思いますが、涼は自分からそういう関係をつくっていっていました。

しかし、この明るさやにぎやかさも裏目にでることがあります。中学になってからですが、涼にも好きな男の子ができました。好きになると、涼の愛情表現はきわめて率直です。道を歩いていて、むこう側をその好きなM君が歩いているのを見つけると、「Mくん、結婚しよう!」

なんて大きな声でいったりするんです。年ごろの男の子が人《ひと》なかで、こんなふうに大声でいわれたら、当惑するのはあたりまえですよね。そのことで、あとでいじめられたりしたこともあるようです。しかし、涼はそんなことにはめげず、「Mくん、好き！」をいいつづけていました。

中学校へ行ってからはけっこうそんなことで同級生からいじめられることもありましたが、それにたいしていい返していたようです。体力的にも、また、いいあいになっても、とてもかないっこない相手にたいして一生懸命にいい返しているのを見ると、これはすごいと思いました。障害児が健常児といっしょに生活していくことで獲得する力というのはこういうものなのだなとも思いました。

めげずに明るく突っぱって

涼は普通学級で獲得したこういう「めげない力」をテコにして、だれとでもすぐつきあえ、すぐに友だちになります。買いものにも一人でどんどん行くという特技を身につけました。九十円のものを買うのに十円玉をだせばいいのか、百円玉をだせばいいのかがわからなくても、涼は平気で買いものにも行くのです。

ぼくの友人で、長年にわたって特殊学級の教師をしていながら、当時も、また退職後のいまも、統合教育のために尽力している北村小夜さんがこんなことをいったことがあります。

「養護学校の高等部の先生がいうのよね。小学校・中学校は普通学級へ行って養護学校の高等部へきた子どもは、できもしないことをしようとするって」

これは逆にいえば、小学校・中学校を養護学校ですごした子どもは、自分は何ができて、何ができないかをちゃんとわかっているから、無理なことはしないということです。

でも、ぼくは、障害をもった人がこういうように遠慮してしまうことが差別の根源だと思うのです。涼はお金の計算ができなくても、お店へ行って品ものをレジへだせば、ちゃんと店の人が涼のもっているお金のなかから必要なぶんだけとっておつりをくれるのです。健常者のあいだでの買いもののルールといったものがわからなくても、涼は買いものができるのです。健常者の側からみて「できない」とされることをどんどんやってみようとするところから、障害者の自立への道が開かれるのではないでしょうか。

特殊学級や養護学校で教えられるものは、結局のところ、現在の社会に障害児が適応していくためのしつけであって、それは障害児（者）にたいする福祉がきわめて遅れている日本の現状をそのまま認めたうえで、そこに対応させていくものでしかないと思います。

かつて部落解放同盟の人たちは、部落差別にたいして闘う人たちをつくりだすことを教育の主眼として解放教育を生みだしましたが、おなじように障害児教育は、障害者差別と闘う障害者に育つことを目標にすえなければならないのではないでしょうか。

障害児の親たちにとってもそうです。障害児の親が自分の子どものしあわせを願うなら、保護的になるのではなく、やはり社会にたいして闘い、自分の子どもを社会に押しだしていく姿勢をもつ必要があると思います。ふつう、障害児の親は社会にたいして遠慮がちになり、「みなさんのお世話になります」「ご迷惑をおかけしますが、お許しください」といった卑屈な姿勢になりがちです。そして、自分の子どもを健常者の集団に入れていってみんなから迷惑顔をされるようなことをさけようとします。そういう姿勢になったとき、親自身もまた、教育を批判したり、社会を批判したりする力を鈍らせてしまい、謙虚で体制順応的な生き方を選んでしまうことになるのではないかとぼくは気になります。

世界的に、いま、統合ということがいわれ、教育も統合教育に向かっています。障害児を健常児とわけたうえでどんなに手厚い教育をしたとしても、わけることで生まれる差別のデメリットのほうが大きいのです。だから、とにかくわけるのはやめようということです。わけない教育をするとなると、いまの教育のありかた、具体的には授業のありかたなどを変えていかねばなりません。その結果、きっといまよりもゆったりとした教育となり、そのことは健常者をもしあわせにするでしょう。

結局のところ、日本の高度成長なるものは福祉を低レベルにおき、お年寄りや障害者を大事にしないことによって達成しえたものなのです。障害者やお年寄り、あるいは病気をもった人たちが生きやすい社会をつくろうとすれば、日本の経済力は低下し、いまより貧しい国になるでしょう。しかし、あえて貧しい国になることが、豊かな国になるための条件ではないかと思うのです。

障害児や障害者が遠慮せずに発言していくことは世直しに通ずるのだと確信して、ぼくは涼ともに、こんごも明るく突っぱって生きていこうと考えています。

第5話 病気はけっして悪いものではない

●子どもの病気とどうつきあうか

子どもが病気をするのはあたりまえ

子どもってよく病気にかかりますね。今回は、そんなとき、「子どもや病気とどうかかわったらいいか」というテーマでぼくなりの考え方をお話ししてみたいと思います。

子どもは、生まれてから四か月ぐらいのあいだは、お母さんからもらってきた免疫の力のおかげでほとんど病気になりませんが、そこを過ぎると、その免疫の力も切れ、それ以後、六歳くらいまでにかぜだけでも六十回ぐらいはひくことになるようです。ただ、かぜにかかっても、ぜんぜん症状がでなくてすんでしまう子どももいれば、律義に毎度、熱をだす子どももいます。扁桃炎にかかりやすい子どもなんかだと、一か月に三回も熱をだすなんていう派手な場合もあります。そんなとき、「こんなによく熱をだすのはなにか免疫系の病気があるんじゃないかしら」と深刻に考えるお母さんもいますが、ぼくたち医者の側からみれば、こういう子どもはめずらしくもなんともなく、ザラにいるといっていいので、とくに血液の検査をしてよく調べてみようなどとは考えません。実際、こういう子どもも小学校へ入学するぐらいの年齢になると、ぜんぜん熱をださなくなるのがふつうで、一年に一、二度しか病院へ顔を見せないというくらいじょうぶになります。

とにかく、子どもというものはしょっちゅう病気になるものだし、熱なんかもだしやすいんだということは、子育てをするうえで覚悟しておいたほうがいいでしょう。

大人にも子どもにも共通することですが、まったくなんの病気にもかからず、なんの症状もないという人がいたら、これはかえってふしぜんなことなのです。大人の場合、頭痛も知らなければ、肩こりも知らず、熱がでたこともないという人がいますが、そういう人は緊張が強すぎて、症状を感じとれなくなっているという場合もあるので、気をつけたほうがいいともいわれています。そして、極度の緊張が蓄積したあげくに爆発して精神病になってしまったりする人もいると、精神科のお医者さんが報告しています。

子どもが、頭が痛い、おなかが痛い、足が痛い、チックになる、どもりになる、といったさまざまな症状を訴えるのは、からだのなかにたまっている緊張を少しずつはきだしているのだと考えてはどうでしょう。こうした症状は外へはきだすのがよいのであって、ほんとうはとめないほうがいいとぼくは思っています。子どもが起こす症状にたいして、親は、「ひょっとすると、そうする以外に保育園や学校を休むことのできない子どもたちが、休ませてほしいと叫んでいるのではないか」と受けとめることが必要ではないでしょうか。症状はからだを休めるための一つのサインでもありうるのです。

たとえば、保育園や学校にかよっている子どもたちが、どうしても行きたくないという気持ちがからだのなかにたまったとき、それがおなかや頭の痛みという症状になって、助けてくれという信号をだしているのではないか、ととらえるわけです。熱がでた場合も、じつはなんとしても登園したくないという気持ちが熱をだしていることだってあるわけです。せっかくがんばって熱をだしているのに、さあ、たいへんだと親がただちに解熱剤を飲ませておさえてしまうのは、いかにももったいないことだと思います。

子どもは、大人とちがって自分のからだに正直で、気分がよければ遊び、気分が悪ければ寝るというように気分の善《よ》し悪《あ》しにしたがって生きています。熱が九度あるというときでも、大人なら体温計をみて、びっくりして寝込んでしまうでしょうが、子どもだと、気分さえよければ、平気で遊んでいます。さあ、たいへんと、親がいくらおさえておこうと思っても、外へ行ってしまい、寝たくないときは寝ないものです。それで病気がこじれてしまうかというと、そんなことはありません。子どもは病気の重さを自分の行動で示してくれるのです。だから、子どものしぜんな気分にまかせて生活させておくと、意外にいつのまにかなおってしまう病気が多いのです。

ほんとうに調子が悪いときは、子どもでも遊ぶのをあきらめます。ふだんなら、大あばれしてからだにさわらせないのに、抵抗する気も失っておとなしく点滴をさせたりすることもあるんです。だから、子どもが抵抗しないときは、それこそあまりよくない状態だと思ってください。それはほんとうに休みを要求しているときなのですから。

ついでながら、「高い熱をだすと脳がおかされる」という俗説がいまだに巷《ちまた》にでまわっていますが、そんなことは絶対にありませんから、こういういいかげんな俗説にまどわされないようにしてください。

病気といっても、日常的にふつうにかかる病気なら、あわてることはありません。そういうときにはもう、親も子どももといっしょに楽しんでしまうほうがいいのです。

実際、わたしはいまも週に二日は育児を担当していますが、たまたまわたしの当番日に子どもが病気になると、最初は、しかたがないといやいや診療所を休むことになります。しかし、休むと決めたら、あとはもう、いかに楽しむかに頭を使うようにしています。朝から子どもと二人でテレビを見ていると、けっこうおもしろい番組に出会えたり、ふだんできなかった子どもとの遊びがいろいろやれたりするのです。

子どもにとっても、病気はそんなにいやな体験ばかりではありません。だれにも記憶があるでしょうが、病気のときはお母さんが枕元にきて、頭を氷で冷やしてくれたり、寝床のなかでごはんを食べさせてくれたり、楽しい思い出がたくさんあります。子どもにとってふつうの病気は、日常生活のなかでちょっと変わったおもしろい体験ができるチャンスだと思います。こういうときに親がしてやれるいちばん大きな看護は、子どもが何か楽しいことをみつけられるチャンスをつくってあげることだと思います。そして、子どもが病気はいやなものだという考えをできるだけもたないように育てたいと思うのです。

病気によっては、特別に手のかかるものもあります。俗に難病といわれるものです。もしこういう病気をもってしまったら、そのときはもう、運命的なものだとあきらめてしまったほうがいいのです。そして、逆にその手のかかる病気を生かして生きていくことを考えたほうがいいと思います。

わたしの場合、障害をもった子どもがいたからこそ、いまの自分があるのだといえるぐらい、娘の病気からいろいろのことを学んできました。こういう体験は、不幸だと思ってしまえば不幸になり、しあわせだと思えばしあわせになれる、そんなていどのことです。考えかた一つです。他人はたいへんでしょうと同情してくれますが、当の本人たちは日常のなかで、いつもたいへんだと思って生活しているわけではありません。病気はいくらたいへんでも、考えかたで実際には切り開いていけるものだと感じています。

子どもが熱をだしたら

ここで、子どもの熱について少しお話ししてみましょう。子どもはほんとうによく熱をだします。そんなときにあわてないですむには、病気についての基礎的な知識をもっていることが大切でしょう。

子どもがよくかかる発熱・セキ・腹痛・下痢・嘔吐などの症状は、その九割が細菌やウイルスによってひきおこされる感染症といわれる病気によるものです。

感染症のうち、細菌によっておこるものには、扁桃炎・気管支炎・肺炎・尿路感染症・胃腸炎・髄膜炎・中耳炎・リウマチ熱・百日咳・破傷風・赤痢・ジフテリア・結核・とびひなどがあります。

ウイルスによっておこる感染症には、インフルエンザ・鼻炎・咽頭炎・肺炎・髄膜炎・はしか・風疹・水ぼうそう・プール熱・手足口病・リンゴ病・おたふくかぜ・日本脳炎・肝炎・天然痘・ポリオなどがあります。

おなじかぜや肺炎でも細菌性とウイルス性のものとがあるわけです。まずこんなことを基礎的な知識として知っておいてください。

ぼくが休日当番医として診療をしていますと、やってくる患者さんはほとんど子どもです。しかも、そのほとんどが発熱している子どもです。

実際のところ、たいしたことのない発熱の子どもばかりつづけてみていると、いいかげんいやになってきます。こういうたいしたことのない子どもを診察しているあいだ、とっても具合が悪くて一分でも早くみてもらいたいと思っている患者さんががまんして待っていたりするのですが、発熱した子どもを連れてきた親からみれば、熱がでるというのはたいへんなことで、一刻を争って病院に行かねばならぬと思ってきているわけですから、ぼくが「なんだ、熱だけか」って顔をしていると、不満げな表情になります。

しかし、子どもの発熱というものは急いで病院に連れていかねばならぬようなしろものではありません。土曜日の夜に熱がでても、翌日の日曜日に一日がまんしてようすを見ていると、月曜日の朝にはしぜんにさがってしまうというような例がかなりあります。月曜日にさがっていなくても、さらにもう一日まっていると、火曜日には大半の場合、熱はひとりでにさがってしまいます。

そこでぼくは、子どもが熱をだしても、元気がよかったら、二日間ぐらいはようすを見ていい、三日目になってまださがらなかったら、それから病院へ行けばいいんだとだいたんに提案しておきます。ぼくのこれまで二十数年の小児科医としての仕事のうち、かなりの部分はこのことを患者さんに「教育」することに費やされました。そして、いまではぼくのところにかかりつけのお母さんたちは、熱のでたその日なんかには子どもを連れてこなくなりました。たいていのお母さんは熱がでて二日目、あるいは三日目に連れてくるのですが、それでなんの事故も起こっていませんし、病気がこじれたということもありません。

こういう発言をしていると、世間にはだいたんな人もでてくるものです。ぼくの話を聞いたために、子どもが熱をだしても、五日間も医者に連れていかないでようすを見ていたお母さんが何人かいました。しかし、それでも、自宅でようすを見ている時間が長すぎたためにこじれてしまい、たいへんなことになったという例はありませんでした。つまり、熱なんか、かなりめいっぱいしぜんにださせておいても、なおるものだということです。

また、熱がではじめた当日、あるいは翌日ぐらいに診察に連れてこられた場合、ぼくたちプロでも病気の診断がつかないのがふつうなのです。それに子どもが熱をだしたとき、そのほとんどはウイルスによる「かぜ」であって、これはだいたい三日ぐらい熱がつづき、そして、ひとりでになおってしまうものです。

ウイルス性のかぜの場合は、鼻水やせき、のどの痛み、頭痛、からだのふしぶしの痛みなどいろんな症状が起こります。逆に、こんなふうにいろんな症状があったら、ウイルス性のかぜと考えていいのです。乳幼児だと、のどが痛いとか頭が痛いとか、そんな高級な症状は訴えません。熱がビュンビュンでて赤い顔になり、多少は鼻水やせきもでるといった状態なら、「これはウイルスによるかぜだろう。しぜんになおるだろう」と考えていいのです。

こんなとき、熱に強い子どもなら平気で遊んでいますが、熱に弱い子どもだと、グデーッとなっています。グデーッとなっている場合は病院へ連れていっても悪くはありませんが、ピンピンして遊んでいる子、あるいは、安静にさせておこうと思って寝かしつけようとしても、すぐ起きてこようとする意欲じゅうぶんな子は、病院なんかへ連れてくる必要はなく、そのまま経過を見てていいのです。

熱をだしている子どもの大半はかぜですが、なかには扁桃炎・中耳炎・気管支炎・肺炎・尿路感染症といった場合もあり、こういうときはちゃんと治療をせねばなりません。これらの病気はウイルスではなく細菌によって起こるもので、ほっとくと、こじれちゃってたいへんです。しかし、なおすための薬がちゃんとありますから、安心していいのです。この場合に使う薬は、細菌を殺したり、作用を抑えたりする抗生物質です。

これでだいたいわかっていただけたと思いますが、熱のでる病気のうち、ウイルスによって起こるものは治療薬がないけれど、そのかわり、たいていはしぜんになおるので、ようすをみていていい、細菌によるものは抗生物質をのんでちゃんと治療をしたほうがいい、ということになるのです。

ですから、ぼくたち小児科医の仕事の多くは、子どもたちの「かぜ症状」が、ほとんど薬のいらないウイルス性のかぜか、抗生物質で治療をするほうがいい細菌性のかぜかを見分けることです。ウイルス性のかぜなら、しぜんになおるわけですから、せきのひどいときにせき止めを使うくらいで、あとはなにもしなくてよいのです。一方、細菌性のかぜなら、抗生物質を使っておかないとこじれたり、長びいたりすることもあります。そこで、この両者を見分けたいのですが、熱のでた当日や、その翌日ぐらいに診察しても、胸の聴診ではなにも所見がないし、のどを見ても、区別がつきません。たしかにのどは赤くはれているのですが、それはウイルス性のかぜでも細菌性のかぜでも共通して見られる所見で、これでは区別がつきません。これが、さきほどお話しした発熱した当日や翌日では診断がつかないという理由です。

三日目ぐらいになると、扁桃炎なら、扁桃が牛肉みたいにテラテラ赤くなったり、白い苔のようなものがくっついたりして、「あっ、これは細菌性だ」とわかります。そして、三日たっているのにのど全体が赤いだけだったら、ウイルス性だろうと判断できるのです。

ただし、熱がでているのに顔色が青いとか苦しそうに泣きつづけているとか、あるいは息苦しそうにしていたり、吐きつづけていたり、けいれんを起こしたり、しょっちゅうウトウトしていたりという場合は重大な病気の可能性もあるので、すぐ病院へきてもらわないと困ります。

しかし、熱があって赤い顔をしていても、フーフーいってるだけとか、熱があるのにさかんに遊ぼうとしているとか、一見したところでは熱があるようには見えないとかいうときは、三日目まで待っていてもいいのです。

ところが、お母さんたちは子どもが発熱すると、すぐに病院に連れてきちゃいますから、ぼくたちは困ります。

「いまの段階ではウイルス性のかぜか細菌性のかぜかわからないから、いったんこのまま家へ帰って明後日まで待って、そのとき、まだ熱がでていたら、またきてください」というのが医者として正しい対応ということになりますが、お母さんのほうとすれば、「せっかく時間をやりくりして病院へ連れてきたのに、もう少しようすを見ようなんていって薬もだしてくれないんじゃ不満だわ」って気持ちになるのですね。「たとえ病気がはっきりしなくても、はやめに治療しておけば、ひどくならないですむんだから、お薬をほしい」って気分にもなるでしょう。

そういう気持ちに医者のほうが迎合して、抗生物質なんかをだしたりすると、これがまちがいのはじまりになります。現実には多くのお医者さんがここで抗生物質をだしてしまいます。

しかも、「どんな細菌にでも効く」ような強力な抗生物質をだしてしまうのです。

また、お医者さんのなかには「のどが赤い」とか「のどがはれてる」とかいっては、それを抗生物質を使う理由にしている人がいるようです。しかし、のどがはれたり、赤くなったりしていることは、抗生物質を使う根拠になるのでしょうか。

「ほかのお医者さんでのどが赤いっていわれて六時間おきの薬をもらいました」というお母さんがけっこういます。この六時間おきとか八時間おきとか、きちんと時間をきめてのむように指示される薬は、ほぼまちがいなく抗生物質といっていいでしょう。（実際には、こんなふうにキチンと何時間かおきにのまなくても、食後三回でのんでもちゃんと効くのがふつうです。「六時間おきにのませていったら、真夜中《まよなか》の二時にのませなければいけなくなったが、眠っている子どもをたたき起こしてでものませないといけないだろうか」といった疑問には、眠っている子どもをわざわざ起こさなくても、朝おきてからのんでだいじょうぶですよ、と答えておきます。）

　しかし、のどが赤いということは抗生物質をのむ根拠にはならないのです。のどのかぜの場合、ウイルスによるものであっても細菌によるものであっても、おなじようにのどははれて赤くなります。だから、のどがはれて赤くなっている場合だって、大半は抗生物質がいらないのです。ただ、「細菌による扁桃炎だと思うから、抗生物質をのんでおきましょう」とお医者さんからはっきりいわれたときは、納得してのんでよいと思います。

困った抗生物質の乱用

子どもがウイルス性のかぜで熱がでている場合、不必要な抗生物質が投薬されると、どういうことになるでしょう。お母さんは帰宅後、まじめに抗生物質をのませつづけますね。そして、三日目になると、熱がさがります。これはかぜがしぜんになおって熱がさがったのであって、抗生物質をのんだ効果ではないのです。でも、お母さんは「やっぱりお薬をのませてよかったわ。ちゃんと効いたもの」と思ってしまいます。そして、つぎに子どもが発熱したときも、またすぐに病院へ連れていってすぐに抗生物質をのませるということになります。

もう少しわかりやすくお話をしてみましょうか。

ある日、Aというお医者さんのところへ熱をだした子どもが十人きたとします。みんなその日、熱がでたばかりです。そのお医者さんは十人の子ども全部に強力な抗生物質をだしました。四日後、この十人の子どもたちは全員、熱がさがってなおったという状態になっています。しかし、このうちの九人はウイルス性のかぜで、これは抗生物質が効いたのではなく、しぜんに熱がさがったのです。一人だけが細菌性の扁桃炎で、この子だけは抗生物質のおかげで熱がさがったのでした。でも、十人の子どもの親は全員、「はやめに病院へ行ってお薬をもらってのませたからなおったのだ」と思っています。「うちの子はほっといてもしぜんになおったんじゃないかしら」と疑う親はおそらくいません。

さて、この子どもたちが、仮にAというお医者さんのところでなく、Bというお医者さんのところへ行ったとします。このお医者さんは、「まだ診断がつかないから、薬はださない。三日間、家でようすを見て、まだ熱がつづいているようだったら、またいらっしゃい」といいました。さて四日目、九人の子は熱がさがっています。この子どもたちは薬をなにも使わずになおったのです。残り一人の子どもはまださがっていませんから、お医者さんのところへ行きます。

お医者さんはのどを見て、「あっ、これは扁桃炎だ。じゃあ、薬をあげよう」と抗生物質をだします。扁桃炎の場合、的確な抗生物質を使えば、二日のうちに熱はさがってきます。そして、この子どもも翌日には熱がさがりました。でも、この子のお母さんは、「三日まえに病院へ行ったとき、お薬をくれていれば、はやくなおったはずなのに」とちょっとお医者さんを恨んでいます。

さて、ここで考えてみましょう。Aというお医者さんはどの子にも無差別にじゅうたん爆撃みたいに薬を使い、その結果、十人の子どもの親に感謝されています。Bさんのほうは一人の親から恨まれています。そのうえ、Aさんは十人に薬を使い、Bさんは一人にだけ薬を使ったので、Aさんの収入はBさんの収入の十倍になっています。こういうわけで、本来、しぜんになおってしまうウイルス性のかぜにたいしても抗生物質を使ってしまうお医者さんが多くなるのです。

ところで、もう一つ、細菌といってもいろんな細菌がいますから、細菌性のかぜと診断がついたら、つぎにどんな種類の細菌が原因になっているのかを考え、それにあった抗生物質を使うということがほんとうは必要なのですが、最近は特定の菌にだけ作用する抗生物質（これはたいてい値段が安い）のほかに、たいていの細菌に作用する強力な抗生物質（値段が高い）がたくさん登場してきました。こういうなんにでも効く「投網式」の抗生物質を使うと、たいていの感染症はなおってしまいます。感染症の種類・原因となっている病原体を区別するということを省略して、だれにでも投網式の抗生物質を使うのだったら、これはシロウトでもできます。「医者のうで」などというものはなくなってしまうわけです。

ところで、こういう大ざっぱな治療をしていますと、ときどき医者を困らせるケースもでてきます。最初から最強の抗生物質を使っているのになおらない、熱がさがってこないというような場合です。しかし、ものすごく強いおすもうさんでも苦手の相手というのがあって、実力からいえば、絶対に負けるはずがないのに、対戦成績で大きく負け越しているなんておもしろいことがあるように、最強の抗生物質にだって弱点があって、これの効かない細菌というのもあるのです。

たとえば、いま、学童にも成人にも見られる肺炎の原因菌としてもっとも多いマイコプラズマというのは、最強といわれる抗生物質はかえって効かず、一般にもっと弱いと思われている抗生物質が効いたりします。しかし、いつでも無差別に強力な抗生物質を使っているお医者さんだと、それが効かなかったときに、もっと弱い抗生物質に変えてみようかという発想ができなくなってしまうようです。

こういうお医者さんにかかっていて、ちっともよくならないということでぼくの診療所へ転院してくる患者さんがいます。「強いお薬をずっと使ってもらっているのに、この子の熱、ちっともさがらないんです」というお母さんに出会うと、「あっ、これは名医になれるかな」と思ってしまいます。強い抗生物質のかわりに弱い抗生物質を使えばよくなるだろうと直感的に思えるからです。そして、診察の結果、最初に考えたとおり弱めの抗生物質を使うのが正しそうだということになり、使ってみます。すると、三日後、お母さんの口から「すぐ熱がさがりました」ということばが聞かれます。

そういっているお母さんの目は、「先生はすごい名医ですねえ」といっているように見えます。ほかのお医者さんで一週間もさがらなかった熱がすぐさがったんですから、これは名医だということになるのですが、べつにむずかしいことをしたわけではなく、小児科医だったら、あたりまえの方法をとったにすぎません。それが名医のように見えてしまうということは、日本の医療のなかで抗生物質が安易に使われすぎているということと背中あわせなのです。

抗生物質が必要でないただのかぜのときに抗生物質をのませたからといって、目に見えるかたちの強い副作用がでてくるわけではありません。せいぜい下痢になるとか、子どもによって発疹がでることがあるとか、そんなていどで重大な副作用は起こりません。しかし、むだな乱用はからだにとっていいはずはありません。しかも、「お金のむだ」ということがはっきりしています。それは日本全体で考えれば、医療費をうんと増大させます。

また、強い抗生物質が乱用されると、それに抵抗する細菌が現われてくるという結果を招き、結局、「効かない抗生物質」になってしまいます。そうすると、もっと強い抗生物質を開発しなければならないということになり、そしてまた、さらに強い細菌が現われてくるというイタチごっこになってしまうわけで、これはたいへん困ったことです。こういう抗生物質の乱用を防ぐには、みなさんの側で、子どもが熱をだしても、すぐに病院には連れていかないという姿勢をとることがもっとも有効なのです。そして、もし二、三日しても熱がさがらないときは、その病気に対応した薬を使って熱をさげるのです。これが「発熱して三日目に医者に行け」というわたしの提言のよって立つ理由です。

病気をはやくなおす方法はない

ところで、病気について世の中には誤解やら、まちがった脅しやら、いろんなものが大手をふってまかり通っていまして、そういうものがみなさんを不安にさせ、病院へ行かせたり、薬をほしがったりさせてしまうのでしょう。そういういろんな「まちがい」についてチェックしておきましょう。

じっさい、医者はどんな病気でもなおせる神様ではありません。なんでも医者に頼るのではなく、患者の側でも病気についてできるだけ知識をもち、自衛することが大切です。わたしは日ごろから患者さんに、いまの医学はそんなにたいしたことはできないということを知ってほしい、そして、できるだけ医者にかからないですむように、自分で自分のからだを守る術を身につけてほしいと話しています。ここでは、知っていると得になる、医者の企業秘密のような話をいくつか紹介したいと思います。

第一には、医者は、かかってしまった病気をはやくなおしてしまう方法をほとんどもっていないということを知っておいてください。

わたしの診療所にも、よく、かぜやウイルス性のインフルエンザで高熱をだしている患者さんがきて、「あした、おけいこの発表会なので、なんとかあすまでになおしてください」とか、「あす、スキーに行くのでなおしてください」とかと要求されることがあります。この場合、熱がでていなければいいということだったら、強力な解熱剤を使って熱をおさえることはできます。しかし、それはけっして病気がなおったということではありません。病気には、本来、しぜんになおる過程というものがあります。医者は、本来、一週間かかる病気を三日でなおしてしまうことはできないのです。ただ、一週間でなおる病気を二週間に長引かせないことはできることもあります。医者の力はそのていどなのに、医者が自然治癒過程を短縮できると一般に思われているのは大きな誤解といっていいと思います。

また、医者はよく、「もっとはやくくればなおせたのに」と患者をしかることがありますが、ふつうの感染性の場合、はやく治療をはじめれば、はやくなおるという話も、じつは一種の神話なのです。

たとえば、おたふくかぜや水ぼうそうにかかったとき、はやく医者へ行って、いい薬を使ったから、一週間かかるものが二日で消えてしまったということはありえないのをみなさんご存じでしょう。ふつう子どもが水ぼうそうやおたふくにかかったら、一週間くらいは休まなければならないだろうとみなさん覚悟をしますよね。ほかの病気だってこれとおなじで、それぞれの病気についてしぜんに治癒するまでの期間というものがあるのです。たとえば、ちょっとひどいかぜなら、いったん高い熱がでれば、その熱は三日ぐらいつづいたのちにさがるというのがふつうのコースなのです。医者の仕事は、ある病気の自然治癒過程をより長びかせないように、個人のもっている自然治癒する力を高めるように手助けをすることだと思います。

「かぜは万病のもと」か

では、つぎの「誤解」に移りましょう。

「かぜははやくなおさないと、肺炎になったりする」

これ、信じている人がたくさんいるはずですから、「えっ、まちがいなの？」って驚いている人もいるでしょうね。なにしろ諺にも「かぜは万病のもと」というのがあり、コマーシャルでも「かぜははやめになおしましょう」とか、「くしゃみ三回、○○三錠」なんてのがあるぐらいで、かぜははやくなおしておかないと、たいへんなことになるっていうイメージが定着していますから。

でも、実際には、「かぜは万病のもと」というわけではありません。いろんな病気の初期の症状がかぜに似ているということはありますが、かぜがこじれて万病になるというわけではないのです。

扁桃炎のような病気をいいかげんに治療すると、リウマチ熱や腎炎を起こすということもないわけではありませんが、リウマチ熱などは最近、激減していて、もう恐れる必要はなくなっています。しかも、リウマチ熱の引き金になる扁桃炎は細菌性の病気であって、ふつうのウイルス性のかぜが余病をひき起こしてくるということはめったにありません。

もちろん、中耳炎になりやすい子どもやぜんそくをもっている子どもなどの場合は、かぜをひいたら、はやくなおすということを原則にしたほうがいいのですが、そうでない子どもはふつうのかぜをほうっておいたところで、なにごとも起こりません。

「でも、せきがでているのをほうっとくと、肺に影響して肺炎になったり、結核になったりすることがあるでしょう」とあくまで食いさがりたい人もいるでしょうね。でも、これもまちがいです。たとえば、ぜんそくの子どもは季節の変わり目などに半月もひと月もせきをだしつづけていますが、肺炎にもならなければ、結核にもなりません。

ずっとせきがつづいていた結果、肺炎や結核になるのではなくて、肺炎や結核のためにせきがでていることもあるので、それに気をつけていればいいのです。しかし、そういう場合は熱がずっとつづいているとか、ときどき熱がピュッとでるとか、なんだか元気がないとか、そんな症状をともなうものです。せきはつづいているけれど、熱はぜんぜんなく、元気で遊んでいる、なんてときはほうっといてもだいじょうぶで、それで重大な結果を招くことはありません。

そもそも、せきにたいしてはいいお薬がないのです。「この子、せきがでるんで売薬を買ってのませてたんですけど、ちっともよくなりません。やっぱり売薬じゃだめだと思って診察にきました」なんていわれると、「ウヘエ、困った」と思ってしまいます。病院においてある薬だって市販の薬と五十歩百歩、たいして効くものなんかないのであって、そういう台所事情なのに過剰に期待されると困っちゃうわけです。

ぜんそくのように呼吸困難をともなうせきでしたら、気管支拡張剤と呼ばれる薬が効くので、医者としての腕のふるいようもあるのですが、コンコンせきこむかたちのせきにたいしてはまったくお手あげなんです。いいお薬がないから、結局、しぜんになおるのを待っているわけで、せきという症状はたいていいしぜんになおっているんだ、といっていいのです。

予防薬なんてほとんどない

さて、つぎは何をとりあげましょうか。そうそう、「お薬は病気をひどくさせないための予防になる」って考えている人もいるでしょう。そんなふうな宣伝をするお医者さんもいます。

これもまたうそなんです。病気をひどくしないための予防薬などというものはほとんどありません。あっても特別な病気の場合で、日常的なかぜなどの病気については予防薬といっていいようなものはないんです。

「来週、旅行に行く予定があって、そのとき、熱がでると困るから、いま、鼻水がでてるだけなんですけど連れてきました」と子どもを連れて診察室に現われるお母さんにたいしては、「おやおや、それなら、きょうきたのはむだでしたよ」というしかありません。あらかじめ鼻水をとめる薬をのんでおいたところで、来週、熱がでるのを防げるわけではありません。いや、来週のことだけでなく、あす熱がでるのをきょうのうちに予防するということもできないのです。

「ただのかぜがこじれて扁桃炎のような細菌性の病気になるといけないから、あらかじめ薬をのんでおいてはどうか」という考え方についても、「そういうことはほとんどできません」といっておきます。ちょっとしたかぜでも抗生物質をのむことによって、扁桃炎になる回数がほんの少しへるかもしれませんが、さっきもお話ししたように、そういう方法はまったくの邪道というべきです。

「でも、やっぱり手遅れっていうこともあるでしょう。手遅れはこわいわ」って声が聞こえてくるような気がしますね。そうです。手遅れっていうことばも患者さん脅しに使われがちのことばです。

医者の脅し文句「手遅れだ」

笑い話に「手遅れ医者」を主題にしたものがあります。

やたらに「手遅れ」っていう口癖のお医者さんがいました。

熱がでている子を連れていくと、「ああ、手遅れだ」っていう。ひどくせきをしている子を連れていっても、「こりゃ手遅れだ」っていう。そのお医者さんのところへ、ある日、一人のお父さんがぐったりして意識を失っている子どもを抱きかかえたままかけこんできた。

でてきたお医者さんはひと目みると、「ああ、こりゃ手遅れだ。もっとはやく連れてこなくちゃ」といつもの調子。

お父さんは怒って、「そんなこといわれても、この子は、いま、階段から落ちたところなんだ！」。それでもお医者さんは落ちついた表情のまま、「だから手遅れなんですよ。階段から落ちるまえに連れてこなくちゃ」。

おもしろい笑い話ですが、こういうのをおもしろいとばかりいっていられないほど「手遅れはこわい」という考えかたがまかりとおっています。でも、ぼくは二十年以上も医者をしてきて、手遅れといえるようなケースにほとんどお目にかかったことがないのです。記憶をたどってみても、「これは手遅れだ」と思った例に思いあたりません。

ぼくが医者になるまえの時代には、たしかに手遅れというようなものはあったと思います。実際、一刻を争うような病気があったのです。たとえば、疫痢《えきり》という病気、これはいまではまったく見られなくなりましたが、かつては「ハヤテ」と呼ばれて、ちょっとの手遅れが生命にかかわる病気として恐れられました。それから、はしかがこじれて肺炎になったりした場合もたいへんでした。実際、そのころは、肺炎は恐ろしい病気でしたが、それは細菌性の病気をなおすためのいい抗生物質がなかったからであって、いまとは事情がちがいます。

当時は病気がこじれたときの治療法がなかったから、こじれないようになんとか手を打たねばならぬということで、「手遅れにしないように」とさかんにいわれたわけです。しかし、だからといってこの時代、手遅れにならないように、こじらせないためのよい方法があったかというと、もちろんなかったわけで、そういう意味では、このころも早期治療がたいした意味をもたなかったように思われるのです。

実際、当時、こじらせないための方法として行なわれていたものには恐ろしいものもありました。

ぼくが医者になりたてのころ、はしかにかかった子どもの家へ往診に行くと、夏なのに戸をしめきったうえ、火ばちなんか持ちだしてやかんをかけ、部屋中を蒸気でいっぱいにしているといった光景に出会ったものです。家族がみんなダラダラと汗を流してゆでだこみたいな顔をしているので、「どうしてこんなことをするの」と聞くと、「どんどんあっためてはやく発疹をだしきれば、はやくなおるから」という返事が返ってきました。暖めるとはやく発疹がでるのかどうかは、ぼくにはいまでもわかりませんが、とにかく当時はそういうことが信じられていて、こんなすごい方法ではやくなおそうとしていたのです。しかし、どう考えても、こういうやり方ははしかの子どもの体力を余計に消耗させるだけで、効果があったとは思えません。

ですから、抗生物質などがなかった時代に、手遅れにならないようにということで行なわれた早期治療が有効であったのかどうかは、疑問に思われるのです。

さいわいにも、現在は、手遅れになるような病気はほとんどなくなっている時代です。こういう時代に、わたしたちは子どもの病気をしぜんなものとしてとらえ、病気がしぜんになおっていく経過をじゃますることなく、じっと見守るという体験をもちたいものです。

子どもの命を救う親の直観力

いまは、手遅れを恐れることはないていどに医学は進歩してきました。昔は脱水というのもこわくて、赤ちゃんが激しい下痢と嘔吐に見舞われると、一昼夜で生命を奪われるというような悲劇もありましたが、これもいまは輸液（点滴注射のこと）が簡単にできるようになったおかげで、手遅れというようなことはめったにありません。

手遅れというものがあるとすれば、それは内科的な病気ではなくて外科的な病気の場合でしょう。腸重積《ちょうじゅうせき》とか虫垂炎とかいう外科的な病気ですと、二十四時間の診断の遅れが生命とりになってしまうこともあります。しかし、こういう病気で手遅れになるのは、むしろ医者の側の誤診のためといってもいいのではないかと思います。

たとえば、腸重積の場合、これは乳幼児がかかりやすい病気ですが、火がついたように泣いては泣きやみ、またしばらくして火がついたように泣いては泣きやみということをくり返しているうちに、だんだん顔色が悪くなって元気がなくなってくるといった経過をとるので、これをこのままにして病院へ連れていかないという親はきわめてまれなのです。しかし、病気の初期に病院へ連れていって、医者が雑な診療をしたために見逃されるということがあります。「かぜですよ」といわれて安心して帰って見ていたら、だんだんひどくなって、とうとう手遅れになり、手術をしなければならなかったという例はたしかにあります。しかし、これはやはり医者の側の責任といえます。

この腸重積という病気についていえば、松田道雄さんの『育児の百科』(岩波書店)がどれだけの子どもを救ったかわからないといっていいほどの功績をはたしてきたとぼくは思います。松田さんは一刻を争う病気の代表として、この腸重積について懇切丁寧《こんせつていねい》でわかりやすい記述をしておられるのです。

「どうも子どもの泣きかたがおかしい。たしかこういう泣き方は『育児の百科』に書いてあった」と松田さんの本を引っぱりだし、読み返してみて、「これは腸重積にちがいない」と確信し、ぼくの診療所へ子どもを連れてきたお母さんが実際にいました。「子どもがおなかを痛そうにして泣くので、近所のお医者さんへ連れていったが、たんなる胃腸炎だといわれた。でも、家へ帰ってようすを見ていて納得できないので、もう一度ほかの病院へ行ったら、やっぱり腸重積だった」と体験談を話してくれたお母さんもいました。こういうわけで、みなさんが医学についての正確な知識をもてば、医者の誤診をカバーできることもあるのです。

ほとんどの病気がなおせるようになっているとはいえ、なかにはやはりなかなかおらない病気もありますが、そういう場合はほとんど現代の医学ではなおしにくいとか、あるいは、なおすことができないとかいうケースであって、けっして親や家庭に責任があるわけではないということです。ふつう、こういうとき、医者はかならず「もっとはやくくればよかったのに」

とか、「もっと薬をきちんと飲ませればよかったのに」とかいって親の看護の悪さを非難するものなのです。すると、親は、あのとき、子どもを外へ連れていったからだろうか、風呂に入れたからだろうかといろいろ反省してしまいます。しかし、ほんとうは、天候のせいとか、人間の力ではどうにもならないような原因とかで病気がおこっていることが多いのです。

いま、お話ししたように、数が少ないとはいえ、子どもの病気のなかにも手遅れになるとこわい病気もあります。こういうものは時間が遅れるとたいへんです。しかし、こういうときは、熱がでる、吐く、せきがでるといった、はっきりと目に見える症状が何もないのに、ひじょうにぐずるとか、大好きなものをだしてもぜんぜん食欲を見せないとかいった、どこかおかしい不思議な症状を示します。とくにはっきりした症状がないのに食欲がぜんぜんないというようなときは注意しなくてはなりません。それは食べる意欲はあっても、吐いて食べられないというのとはちがいます。こういうケースは、医者にとっても、とても診断がむずかしいのです。それには、ふだん子どもを見なれている人、たとえば、お母さんやお父さんがなにかヘンだという子どもがだすサインを見落とさないようにすることが大事です。そのサインに気づけるようになれば、みなさんは医者以上の名医になれると思うのです。

ぼく自身はお母さんたちが「この子、どうもおかしい。いつもとちがう」というときは、一見、症状がなくても、とくにていねいに診察するように心がけています。そして、そうしたお母さんの直感力に助けてもらって誤診を犯すのを免れたということも一度ならずありました。

子どものちょっとした症状に驚いたり、騒ぎたてたりしないで、ゆったりした気持ちで見ている反面、いつもとちがうといったところにだけは鋭い直感力が働くように、自分のアンテナの性能をみがくという二本立てのかまえが必要だということです。さりげなく見ていながら、ここぞというときには直感力がピンと働く、こういうワザを体得するのはちょっとたいへんかもしれませんが、ぼくとしてはそれをみなさんに望みます。

長寿時代の健康不安

ところで、日本人の平均寿命は男性七十六歳、女性八十一歳と、世界的にも長寿国に数えられ、どうやら、多くの人がけっこう長生きできそうだと感じているようです。一方、健康にたいしてはみんなが不安をもっているようで、病院はいつも患者さんであふれています。それで、多くの人に、ばくぜんと長生きできたとしても、いろいろな病気をしながら生きるのでは、はたしてしあわせかどうかわからないといった、「生」にたいする虚無感が強まっています。

昔に比べれば、日本は経済的にも豊かになり、ずいぶん健康にもなっているのに、いつ病気になるのだろうか、あすはなるのではないかと不安をもっている人がとても多いという不思議な国です。こうした病気にたいする不安は、病気になったらおしまいだという観念が基盤になっています。健康が財産であり、健康を失えば、元も子もなくなるという思いに支配されているからです。今日の日本社会の「豊かさ」は、健康に生きているときにだけ保障されるものです。いったん病気や障害をもってしまうと、とたんに生きにくくなる社会であり、みんな暗黙のうちにそのはげしい落差を認めているのです。

資源のない日本社会で誇れるのは、体力と技術と知能の三つ、いずれも人的資源といえるものですが、こういうものが日本経済の発展をささえてきたといわれます。実際、日本が戦後、何十年かかけてつくってきた豊かさは、なりふりかまわずひたすら働いてきた結果であり、もしこんご、いまのペースで働きつづけないとしたら、もとの貧しい国にもどってしまうだろうという不安をだれもがもっています。競争に打ち勝ち、世界で一番の豊かさを確保するためには、これからももっとがんばらなければならないのです。休みなく働きつづけなければならないのです。日本人は、会社や職場でだれかに命令されなくても、自発的に必死に働きます。少しでも怠けていると、社会から排除されてしまう構造がしぜんにできあがっているのです。

元気で働きつづけるためには、大人になってからではまにあいません。子どものときから、学力とともに体力もつけておかなければなりません。お母さんたちは、将来、子どもが落後しないように、学力と体力の双方をしっかり身につけさせようと、子どもたちを学習塾やスポーツ・スクールにかよわせているのです。

今日、医療技術の進歩により、いろいろな病気が減り、寿命が長くなっています。しかし、八十年も生きられる現代と、五十年しか生きられなかった過去と、はたしてどちらがしっかりと健康を感じとっていたか、あるいは、生きることや死ぬことにたいして深い思いをもっていたかを問いなおしてみると、いちがいに現在がよいとはいえません。こういう長寿時代を迎えて、そのことでぼくたちがほんとうにしあわせになったといえるかどうかはわからないところに、いま、突きあたっています。

病者にむけられる冷たい視線

健康が最大の財産だと考えられる日本社会にあっては、「病気は働くことを不可能にし、社会になにごとも貢献できなくなってしまう原因となるのだから悪である」という考え方が根強く存在しています。こういう考え方は、日本社会が豊かになり、国際競争力をつけていくなかで、つまり効率主義が最大の価値をもつ社会になってからどんどん拡大されていったように思います。

「病気になったのはあなたの生活態度が悪いからで、責任はあなた自身にある」「老後の生活が苦しいのも、あなたが若いころから財テクにはげまず、めんどうをみてもらえる人を確保しておかなかったからだ」「障害をもった子どもが生まれたのも、親が悪い。あなたの家の血筋が悪い」というように、どんどん拡大されていきます。

かつて作家の大西巨人さんが、血友病の息子さんの高校入学差別に抗議したところ、評論家の渡辺昇一さんが、血友病は遺伝性の病気だから、責任は生んだ親にあるといって非難したのはその典型的な例です。

日本では、病気や障害が社会的差別を受ける要因となります。先天的な病気や障害をもった子どもを生んだのは、あくまでも個人の責任であり、それなのに社会的な保障を要求するのは図々しいことだといった考えがひじょうに根強いのです。こうして、身体障害者や精神障害者といわれる人たちは、労働によって国家に貢献することができないという理由で切りすてられてしまいます。

ぼくの診療所へは生活保護を受けている患者さんもたくさんやってきますが、その多くは不運な過去をもっています。お父さんが病気や事故などでなくなっている母子家庭や、お父さんが慢性の病気や障害をもつようになって、お母さんが稼ぎ手と妻と母親の三役を一手に引きうけなければならなくなった家庭、あるいは一人暮しのお年寄りといった人たちが生活保護を受給しているのです。いずれの人も自分に責任はなく、ただ、運が悪かったといえるケースが多いのに、世間が生活保護受給者にむける目はけっしてやさしく暖かいものではありません。

母親が唯一の働き手になっているような場合、この母親は疲れはてて心身症のようになっていることが多いのですが、こういう心の病いの場合、医学的な検査をいろいろしてみても、なんの異常も見られないのがふつうです。このように「病気であることが客観的なデータで示されない」場合、その患者さんにたいして「じつは怠けているのではないか」とか「仮病なのではないか」とかの疑いの目をむける人が確実にいます。「働けば働けるのに、病気を装って不正に生活保護を受けとっているのではないか」と疑う人がいるのです。

生活保護という制度の取り扱い業務を行なっているのは福祉事務所ですが、そこの職員のなかにも、生活保護を受けている人にたいして差別的な目をむける人がいるのをぼくは知っています。これはまことに悲しい話ですが、じつは日本の福祉政策の実情をはっきりと表わしている事実なのかもしれません。

ある日、ぼくのところへ福祉事務所から電話がかかってきました。

「Aさんの病状についてお聞きしたいんですが」と福祉事務所の職員のKさんが切りだしました。Aさんは、うつ病で通院中の中年の女性です。ぼくは「眠れない、食欲がない、肩がこる、気分が晴れない」などAさんのもっている症状を説明しました。

「そういう症状がけっこう長いことつづいていますよねえ。Aさんは、もう働けるんじゃないですか」とKさんはいいます。「いやあ、そりゃ、むりです。いまの状態じゃ、Aさんはとても働けません」っていいますと、「そうですか。じゃあ、しようがないですけど、ただ働けなくても、働こうという意欲ぐらいは見せてほしいんですよね」とKさん。

ここでぼくはちょっとつらくなります。うつ病という病気は、「なにかしようとする意欲」がなくなってしまう病気なのです。ですから、働く意欲などでるはずもなく、もしでたとすれば、それはなおっているといってもいいのです。

しかし、一般にうつ病になる人は他人に気をつかうことが多いから、ほんとうは働きたくないし、働ける自信がなくても、相手にあわせて「働きたい」ということがあります。とても働く気分なんかではないのに、相手の求めるものに答えるようなポーズをとらざるをえないというそのつらさを理解できない人は、「働きたいといっているくせに、なかなか働こうとしないじゃないか」などと責めます。

こんなふうにして生活保護を受けている人はつらい経験をしなくてはなりません。周囲の人から「みんなの税金で食わしてやっているんだぞ」といった目つきで見られるのに耐えることもせねばなりません。生活保護を受けることは権利であり、少しもはじることではないにもかかわらず、ふつうは、受けることとひきかえに屈辱を味わわなければならないということになっているのです。日本人は、働かない人にたいしてとりわけ冷い仕打ちをする国民性をもっているように見えます。

病気とはなにか

『貿易摩擦の社会学』（R・P・ドーア／岩波書店）によれば、日本人の一人あたりの年間労働時間はイギリス人より二百時間多く、西ドイツ人よりは四百時間も多いとのことです。こんなにめちゃくちゃに働かされて、それでも不満をもたないですむためには、「おれがこんなに働いたから、日本はこんなに繁栄できたのだ」と自分にいい聞かせることが必要で、実際、ぼくたちはそうしてきたのだろうと思います。日本人が働き蜂であることに誇りをもち、「よく働く人はエライ、働かないやつは日本人として失格」と考えてきたのです。

こうなれば、働くことを不可能にする病気や障害は悪ということになります。しかし、こういう考え方をぼくは危険だと思っていますから、「病気はほんとうに悪なんだろうか。病気のもつ価値だってあるんじゃないか」といいつづけていこうと思っています。

そういう観点からぼくたちのまわりを見まわしてみますと、日本は病気にたいする差別がほんとうに強い国であることがわかります。たとえば、エイズにたいしてもそうです。欧米にくらべれば、エイズの患者さんの数はずっと少ないのに、世界中のどこの国も防止法案をつくろうなどといわない段階で、はやくも法案をつくろうという動きが生まれています。これはかつてライ病や結核にたいしてあった差別とおなじ質のもので、まさに歴史はくり返すという感じです。こういう差別が日本には伝統的にあるのだと悲観的になってしまいます。

森永ミルク事件やスモン病などの一種の公害にたいしてだって、まだ原因がわからない時期には、「うつる病気ではないか」といわれて、被害者はひどい差別を受けたものでした。そして、「うつる」ということば自体が差別的な中身をふくんでしまうようになったのです。

たとえば、こんな話があります。ある学校の普通学級にA子ちゃんという知恵おくれの女の子がかよっていました。担任の教師がA子ちゃんを邪魔者あつかいするので、クラスの子どもたちの多くはA子ちゃんに冷い態度をとっていましたが、なかに数人、A子ちゃんにやさしくして遊ぼうとする子どもたちがいました。その子どもたちにたいして担任の教師が、「そんな子にかまっていると、バカがうつるよ」といい放ったというのです。なんともそら恐ろしい話ですが、ここでは知恵おくれの子どもにたいする差別と、「うつる」ということにたいする差別が組みあわされているということに注意しておきたいと思います。

さて、こんな状況のなかで、ぼくは、せめて子どもたちが病気とか「うつる」とかいうことを差別的な気持ちでうけとめないように、そして、病気をもっとしぜんのものとして受けとめる感性をもってもらいたいと思っているのです。

ところで、病気と健康の区別がはっきりつけられるかどうかについては、古くから議論がたくさんありました。WHO（世界保健機構）は、「健康とは、肉体的にも、精神的にも、また社会的にも完全に良好な状態である」と定義していますが、実際、健康と病気との境界はだれもはっきりわかっていません。

病気は英語でdiseaseといいますが、これはeaseの反対であるということです。easeとは、ラクである、快適である、気がおけない、要するにからだがゆったりしている状態のことで、そうでない状態がdiseaseということになります。本来、病気とはそれだけの意味で、現在のように、医学的に病名がつけば病気で、病名がつかなければ健康といったとらえかたはおかしいのではないかと思います。医学的な病名はたくさんもっていても、ゆったりと安定した気分で生きている、生活できている状態なら、かならずしも病気とはいえないのです。

病気と健康は科学的にわりきれるものではありません。結局、その人なりのゆったりとした気持ちで生きているかどうかが大切です。

ゆったりとした気持で生きられるかどうかとなると、ひじょうに個人差があります。たとえば、権力と闘っているのが快適だと思う人もいれば、毎日、遊んで暮らすのが快適と思う人もいます。健康な社会とは、それぞれの人が、できるだけ自分のもっとも快適だと思う生活をして、それをお互いに認めあい、みんながバラバラに生きているようでいながら、全体としていきいきとまとまりがある、そんな社会だと思います。

そして、健康とは、一人ひとり、個人によって考え方がちがい、他人の目からはっきり定義できないものであることを理解したいものだと思います。人間はみな、起きているときと眠っているときがあるように、健康なときと病気のときをくり返しながら、自分のからだをコントロールして生きているのです。

病気というのは人間にとって悪い意味ばかりではありません。病気には健康というものを知るといったポジティブな意味もあるのです。病気にたいするとらえなおしをしていくなかで、病気や障害をもっている人への差別意識を少しずつとりくずしていってほしいと思います。

第6話 お医者さんに遠慮はいらない

●小児科医とのうまいつきあい方

患者さんへのお願い

今回は「お医者さんとのつきあい方」というテーマでお話しするんですが、「お医者さん」であるぼくが「お医者さんとのづきあい方」をお話しするってヘンなものですね。実際には、きょう、ぼくの話を聞いたからといって、たちまちうまいつきあい方が習得できるなんてことはなさそうです。そういう意味では、「看板に偽りあり」ってことになるかもしれませんが、日ごろ考えていることを率直にお話ししてみたいと思います。

さて、前章でお話ししたように、幼い子どもをもつ親は病院へ行く機会がとうぜん多くなるのですが、どうも医者と患者との関係はこのところどんどん悪くなりつづけているようです。そして、その原因は、やっぱりぼくたち医者の側にあると思うのです。

医者の側は「このごろの若い母親は子どもの育て方も知らない」とか、「ちゃんと子どもをしつけていない」とかといろいろみなさんのほうへ文句をつけますが、こんなのは聞こえないふりをして、無視していればいいと思うのです。

そうはいっても、患者さんの側としてはこういう医者の側の発言が気になるようですね。

最近、ある育児雑誌が、「よい患者になるために心得ておくべきことはなにか」を答えてほしいと電話で質問してきました。ぼくは、「べつにありません。なにもそんなにいい患者になろうとする必要はないんじゃないですか。気を使わないで、ありのままに病院へ行けばいいと思うけどなあ」と返事をしましたら、相手の編集者は電話口で困ったようすでした。

じつは、ぼくのところへ電話をするまえに何人かのお医者さんに意見を聞いていて、けっこういろんなことをいわれたんだそうです。ところが、ぼくは、「心得ておくべきことなんかない」といったから困っちゃったらしいんです。「でも、症状なんかをまとめてメモして診療のときに先生にわたすなんていうのはよいことでしょう。それから、病院へ行くときの身だしなみなんかも気をつけたほうがいいんじゃないですか」って食いさがってきます。

「いやあ、メモなんかいりません。診察のときに、〝三日まえから熱が上がったり下がったりしていて、高いときは三十八度五分くらい、のどが痛くてちょっとせきがでます〟なんていうふうに簡単にいってくれれば、それでじゅうぶん。とくに子どもの場合、お母さんが話してくれるいろんなデータより子どもの顔つきや動作を見るほうがずっと役に立つから、とくに細かく書いてきてくれなくてもだいじょうぶです。

身だしなみもふつうでいいですよ。〝かぜをひいたので何日もお風呂にはいっていないので汚くてすみません〟ってあやまる患者さんもいますが、そんなこと、あやまる必要はぜんぜんないでしょ。病気なんだから、しかたがないわけだし。それよりも、いつもキチンとお化粧してくるお母さんが、お化粧しないで診察にきたときは、ああ、お化粧する気分にもなれないほど子どもの具合が悪いんだなってわかって、これは診療上、よいヒントになったりするんです。

だから、ぼくはふだんのかっこうで病院へきてくれるのを望んでます」

これがぼくの答えでしたが、ここまでいうと、編集者も「そりゃそうですね」といって納得してくれました。

とはいえ、ぼくが患者さん側であるみなさんに望むことがまったくないわけではありません。

その一つは、子どもの診察にもっと父親がついてくるということが多くなってほしいということです。最近は子どもを診察に連れてくるお父さんもたしかにふえました。でも、お父さん一人ではなくて、お母さんと二人で連れてくる場合がけっこう多い。仲がよいのはいいんですが、二人はちょっと多すぎる。つきそいとして、その子の兄弟がついてくるのはにぎやかで好きですが、大人が何人もついてきて不安そうな顔で診察をじっと見つめられたりすると、気になってしようがないんです。お父さん一人で連れてくることがもっとあってもいいなあとほんとうに思います。

でも、ぼく自身も上の娘を連れて何度も病院がよいをしましたが、小児科の待合室はお母さんだらけで、ちょっと気恥ずかしいものでした。その居心地の悪さは、授業参観や父母会のとき、お母さんばかりのなかに父親一人でいる居心地の悪さと似ています。

それから、診察室で医者からいろいろ質問されたときも、たいていの父親は困ってしまう。

「お子さんの生まれたときの体重は」

「?」

「何か月まで母乳のんでましたか」

「?」

「水ぼうそうやおたふくにはもうかかりましたか」

「?」

「予防接種は何と何がすみましたか」

「?」


何を聞かれても絶句なのです。こういうことで父親は病院がきらいになるのでしょうね。

ところが、自分で連れてくるのはいやなくせに、「せきがでてるじゃないか。ほっとかないで病院へ連れていけ」と母親を責めるお父さんがいるんです。お母さんはたいしたことないからようすをみようと思っているのに、自分で連れていく気もない父親が病院へ連れていけという。これはよくないですね。こういう父親には「自分で連れてったら」と押しつけちゃったらどうでしょう。

でも、実際に、たとえば、お母さんが二番目の子どものお産で入院しているあいだに、上の子どもが熱をだすなんてことはよくあるものです。あるいは、離婚して父親が子どもを育てるという状況がこないともかぎらないわけですから、それに備えて、お母さんがたは、子どものからだについてのデータをあらかじめお父さんに伝えておいてください。

ついでに、もう一つ患者さんにお願いしたいのは、待合室で順番を待っているとき、すごく具合の悪そうな子どもや大人がいたら、順番をゆずってあげてほしいということです。こういうゆずりあいが日本では少ないと思いますので、このことはお願いしておきます。

ということで、患者さんへの希望というのは少なくて、ほんとうはぼくたち医者の側が改めなければならないことがたくさんあるわけです。

患者の側に立つ医者は少ない

かつてぼくの子どものころ、町医者である父は町の人たちととても仲よくつきあっていました。医者と患者という関係である以前に、八百屋さんもいれば肉屋さんもいるといった隣人関係によって日常生活のなかでつながっていました。お祭りになれば、いっしょに神輿《みこし》のあとについたり、山車《だし》を引いたり、お盆にはみんなで川に灯籠《とうろう》を流しにも行くといったつきあいでした。近所の人が病気になっても、日ごろの暮らしをよく知っているので、お互いにいいたいことをいって治療していました。医者が地域社会の一員として住民のなかにしっかり根づいていたのです。

外国に目を移し、産業革命前後のイギリスにさかのぼって医療史をみてみましょう。当時、イギリス社会には職業病が多発していましたが、それを治療しようと思えば、医者はその職業病が発生する社会的な背景と闘わざるをえませんでした。医者は大衆社会の一員として専門知識を武器に、大衆とともに社会と闘っていたのです。

また、ぼくはあの有名なナイチンゲールにかんしても、最近、認識を新たにしました。彼女はふつう評価されているように精神的な気高さをもっていただけではなく、いまでいう公衆衛生学の視点から医療をとらえていた先駆的な人です。彼女は、病気をなおすには、人びとの暮らしぶりがよくならなければならないという考えから、病院をつくるのにも、すぐれた立地条件や室内の採光や音楽、食事の内容など患者をとりまく環境の整備をひじょうに重視し、その実現のために闘っていました。彼女のえがいた「あるべき病院像」は、現代の近代的な病院でさえまだほとんど実現できていないほどすぐれたものであったことにぼくは驚かされました。ナイチンゲールは、さらにそこから一歩をすすめ、病気をなおすには病院にくるまえの、つまり社会の環境をよくしなければならないということをはっきり認識してもいました。これもすごいことです。

また、フランスの思想家ミッシェル・フーコーは、著書『臨床医学の誕生』（みすず書房）のなかで、医者が目のまえの患者をなおそうと思えば、まず社会をなおさなければならないと書いています。病気というものは、本質的には社会的につくりだされるものなのだから、病気をなおすには、まず社会をなおさなければならぬ、というのです。

ところが、最近は、病気をうみだす社会構造には知らんふりをして、目のまえの患者だけをなおすという医療技術優先の時代になりました。病気を社会の諸状況から切りはなし、独立させて考えるようになっているのです。医療技術や医薬品の発達にのみ重点がかかり、社会的病理としての病気という思想が忘れられています。医者は患者を短時間で診察し、あとは大量の薬を配って患者を薬づけにしています。患者の背後にあるものを見つめようとはしていないのです。

そこで、医者のはたすべき役割について考えなおしてみると、医者は、まず人間のからだをむしばむような外的条件にたいして、患者さんといっしょに立ち向かうという姿勢をもたなければならないはずなんですね。もし、医者がこういう姿勢をもてば、医者と患者との関係はとてもいいものになると思うのですが、最近のお医者さんたちは、どうもそうではないようです。公害闘争などをみても、ほんのひとにぎりのお医者さんが被害者の側に立つだけで、社会的地位のあるお医者さんたちは大半が加害者の側に立つという始末です。医療被害を受けた人たちにたいしても、医者は味方にはなってくれず、たいていは敵対するということになってしまいます。

医師会という組織もまた、自分たちの利益を守ることを大目標とした集団になってしまっていて、患者さんの側に立つということにはなっていません。医師会の使命が国民の健康を守ることにあるのだとすれば、健康をむしばむ大気汚染や生命を脅かす原発、さらに食品添加物などに反対するといった活動をしなければならないはずですが、医師会がそのような活動をしたことはありません。また、小児科医の立場からいえば、いま、子どもたちの健康にとってもっとも脅威といえるのは受験教育体制であることはたしかでしょうが、「教育体制をゆとりあるものにして子どもたちをラクにさせてやろう」といった提言を医師会がしたこともありません。

一方、アメリカの医師会などは、最近も副作用の多い薬について抗議声明をだすとか、危険な食品にたいして抗議をするとか、さまざまな社会的な活動を行なっています。こうした社会活動は、日常の診療活動以外に医師が当然やらなければならない、大衆の健康を守るための活動として認識されているようです。

まあ、そこまで望むのは無理としても、医師会が最低これだけはもっていてほしいと思われる「自浄力」についても、いまの日本の医師会ではほとんど機能していません。自浄力というのは、たとえば、市民の側から「現在の日本の医療は薬づけ、検査づけではないか」という批判が生まれたときに、医師会が自分たちの手で医療を見なおし、そのような乱診・乱療体制を改めるよう、なんらかの手を打つといった作業ができる力のことです。

いまの日本では薬づけ医療が横行しているのは明らかなことなのですが、医師会は「そういう医療をしているのは一部の医者だけ。大半の医者はまじめに患者さんのために努力しているのだ」というばかりで、いっこうに反省の色をみせません。

といっているぼく自身、医師会の会員の一人であるわけで、それなのに、こんなことをいっているのはおかしいと思われるでしょうが、医師会はぼくが個人的にがんばったところで変わってくれるような組織ではなくて、その点では、ほぼ、あきらめているんです。しかし、あきらめてなにもしないでいるのもよくないから、患者さんたちといっしょに考え、行動することによって、外から働きかけをしようと思っているわけです。

それにしても、こういう状況では、みなさんが医療にたいして不安や不満をもつのは無理もないことといえます。

なるべく医者に頼らないこと

ぼくが本を書いたり、雑誌に連載をはじめたりするようになってから、それこそ毎日のように質問のおたよりや電話がくるようになりました。それはほんとうに北海道から沖縄までで、子どものからだや病気について不安をもったお母さんからの切実な質問です。いま、こういっていて気づいたんですが、お父さんからの質問というのはまったくありませんね。ぜんぶお母さんからの質問です。こういうことからみても、お父さんたちは自分の子どものことにあまりかかわっていないのだということがわかります。これはいけません。

さて、質問の数はほんとうに多く、そのすべてにていねいに答えていると、ごはんを食べる暇も寝る時間もなくなりそうだといっても大げさではないほどです。どうしてこんなに多いかというと、やっぱり、かかりつけのお医者さんがじゅうぶんな説明をしてくれていないからです。病名もはっきりわからない、薬がどういう種類のものかもわからない、薬をいつまでのめばよいのかもわからないというように、患者さんの側はわからないづくしなんですね。そこで、そのわからない部分についてぼくのところへ質問がくるのですが、ぼくのほうは実際に診察をしたわけではありませんから、推測でものをいうしかありません。

「わからない点をぼくに聞かれても、ぼくにははっきり答えられません。やっぱり主治医にもっとどんどん質問しなきゃいけないんですよ」と、こんな回答になるわけですが、質問してこられたかたのほうからは、「でも、質問すると、いやな顔をされるし、それでもしつこく質問すると、怒られたりもするんです」という返事が返ってきます。たしかにそんなお医者さんが少なくないようですが、そんなことでめげていないで、やっぱりしつこく聞いてみるしかないのです。質問する人が少ないあいだは、医者の側もいやな顔をして冷たい態度をとるでしょうが、みんながどんどん質問するようになれば、キチンと答えざるをえなくなるはずですから。

強い患者さんということでは、ぼくには強烈な記憶があります。

それは一人のお母さんについての記憶で、その子どもさんは喘息《ぜんそく》でした。東北のほうに喘息の子どもを集めて鍛練療法をする施設があり、そこへ預けていたんですが、お母さんとしては、実家のある東京から遠いところへ一人だけやっているのはよくないと反省し、引きとることにしました。東京に引きとるにあたっては、まずかかりつけの病院を見つけなければなりません。どこか喘息を専門にみる医者がいる大病院で一度みてもらいたい、だけど、大病院は研究のために人体実験をすることもあるっていうし……と、お母さんはジレンマに陥りました。そこで、お母さんが考えたのは、背中と胸にゼッケンをつけて大病院へでかけるということだったのです。

「人体実験は許さない」とか「薬づけ医療はするな」とか、そんなスローガンを書いたゼッケンをつけたお母さんが子どもを連れて大病院の外来に現われると、医者もふくめて職員たちは驚愕し、下にもおかぬもてなしをしたとのことです。

これはじゅうぶんに教訓的なお話です。医者というのは、自分のいうことを従順に聞いてくれる人にたいしては威圧的になっても、「医者なんかこわくない」という不戴天の意志を表わす人にたいしては急に弱くなってしまったりするのです。「ゼッケンなんてものをつけてやってくるとんでもない患者さんはこわい。こんな患者さんにうっかり医療ミスなどしようものなら、すぐに訴えられちゃったりするんじゃないか。それは困る」ということで、気にいられるように下手《したて》にでるんです。

患者さんの側がこれくらいの決意をもって医療の場に臨まないと、安心して医療を受けられないということでは困るんですが、どうもいまの〈医者—患者〉の関係はそんなかたちになっているようで残念です。

そういうことだとすると、みなさんにとっていちばん大事なことは、なるべく医者に頼らないようにすること、いいかえれば、やたらと病院に足を向けないようにすることだと思います。

ただ、この狭い日本のなかにもいろいろなところがあって、無医村やそれにちかい医療過疎の地域もあります。そういうところでは病気の発見が遅れるということもありえますから、いちがいに「病院へやたらと行かない」といった態度をおすすめはしません。ぼくがここでいっているのは、手近なところに医療機関がある地域の話で、そういうところではどうも病院へ通いすぎという傾向があるということです。

たしかに最近は医療事情がよくなってきました。土曜日の午後や日曜日・祭日などでも当番制でどこかの医療機関が診療をしていたり、あるいは、地域に休日診療所・夜間診療所などが設置され、医者が詰めている地域が多くなっています。これはよいことであるのはまちがいないでしょうが、しかし、よくない面もあるのです。

子ども好きな人——医者選び❶

さて、ここまでお話ししたところで、これもよく質問されることのひとつに、ぼくなりの答えをしてみましょう。それは「かかりつけのお医者さんとして、どんなお医者さんを選んだらいいでしょうか」という質問です。しかし、この質問もかなり答えにくい質問です。だいたい、一般論として理想的な医者像みたいなものをえがきだしてみてもしようがないでしょう。だれにとってもよいお医者さんなんていないはずですから。

医者と患者のあいだだって、やっぱり相性というものはあるのです。ぼくのところへきている患者さんについても、「どうも相性がよくないな」と思わざるをえない人がいます。「ぼくのところへくるより、ほかのお医者さんへ行ったほうが相性があうだろうにな。どうしてそうしないのかな」と思ったりもします。患者さんにたいして医者の側がそんな気持ちを抱いてはいけないことはしゅうぶん承知のうえで、それでもやっぱり感じてしまうのです。

たとえば、ぼくはルーズでいいかげんな医者ですから、どちらかといえば、ルーズでいいかげんな患者さんのほうがあうわけで、何事にもキチンとした模範的な患者さんには違和感を抱いてしまいます。こういうキチンとした人は、キチンとすることの好きなお医者さんにかかるほうがいいと思うのですが、そういう患者さんにかえって好かれちゃうこともあり、しょっちゅうやってきては、ぼくのいいかげんさをいさめてくれたりもします。

まあ、こういうこともあっていいのではないかと思いますが、とにかく、だれの目からみても理想的な医者などというものはまずないだろう、とぼくが考えていることはたしかです。

それでもなお、みなさんに医者を選ぶ目安を教えろと迫られるなら、なんとか答えをださねばなりますまい。

小児科医でしたら、まず第一に「子ども好きな小児科医」を選びたいと思います。わざわざ小児科医を志望したんだから、子ども好きなのはあたりまえと思うでしょうが、近ごろはどうもそう思えない小児科医もいると聞きます。子どもが診察室のなかでちょっといたずらしたりすると激しくとがめ、親のほうまで叱られるという話をよく聞くのですが、どうしてそんなに怒らなければいけないのかなと思ってしまいます。

ぼくは、おてんば娘やいたずら坊主が大好きです。診察室へはいってくるなり、なんのいたずらをしてやろうかと目をキョロキョロさせているような「悪漢」が好きです。診察中に、机の上にある血圧計のマンシェット（腕を巻く布）を目いっぱいパンパンにふくらませて帰るというたずらを、診察のたびに欠かさずしていく「小僧」などとってても愉快です。彼が帰ったあと、マンシェットの空気をぬく作業はけっこう手間がかかり、「あの野郎」と思わないわけでもありませんが、でも、彼をきらいにはなりません。診察にくるのを楽しみにしていたりします。

とにかく、ぼくは子どもが大好きで、診察室にいれば、いろんな子どもがやってきてくれるのを小児科医の余録だと思っていて、そう思えるのはぼくの取柄といっていいだろうなと自負しています。というわけで、まず子ども好きの小児科医を選ぶこと。

患者をやたらと脅かさない人——医者選び❷

つぎに、やたらと脅かさないで安心させてくれるお医者さんを選ぶべしと思います。医者の役目は、第一に患者さんを安心させることにあるはずです。たとえどんなに重い病気であっても、悲観的にならず、希望をもって病気とつきあっていけるように手助けをするのが医者のつとめだと思うのです。ところが、たいした病気でもないのに、やたらと脅かすお医者さん、不安にさせてしまうお医者さんがいるのですね。

さきほどお話しした「病気になったら早く病院へこないと、こじれてたいへんなことになる」とか、「せきをなおしておかないと肺炎になる」とかいう脅し文句を、医者の側が患者さんにたいして使っていることが少なくありません。たとえば、赤ちゃんがのどのあたりに痰《たん》をからめてゼロゼロ音をさせながらも元気でいるといった状態は、日常的にありふれたものであって、たいていはなんの心配もしなくてていいものなのですが、「これはきちんと治療しないと、将来、かならず喘息になる」と親を脅して不安に陥れるお医者さんもいます。

脅しても、その結果が子どもにとってさいわいをもたらすなら、まだ許されもしましょうが、実際は「お母さん、こういうゼロゼロは赤ちゃんにはよくあること。乳児期をすぎたら、しぜんによくなることが多いんですよ」と話して、お母さんにゆったりした育児をしてもらったほうが明らかによい結果を生むのです。親が不安のなかで子育てをしていれば、その不安感は子どもにも乗り移って、親子ともども不安となり、これは確実に健康を損ねると、ぼくは思います。

●—こわい肺炎、こわくない肺炎

ぼく自身は、患者さんに「正しい病名」を告げないこともあります。たとえば、「肺炎」という病名はあまり使わないようにしているのです。「あなたの子どもさんは肺炎です」と告げられたときの親の衝撃は、一般にただならぬものがあるからです。

ある外国の小児科の教科書に「肺炎ということばが親にもたらす恐怖感は、四十年まえに肺炎が人びとに与えていた恐怖感と異なってはいないから、このことばは使わないほうがいい」と書いてあったのを覚えています。ぼくは、実際、このとおりだと思っていて、できるだけ使わないように心がけているのです。四十年まえといえば、抗生物質が日常的には使われていない時期で、そのころは肺炎は恐ろしい病気でした。ぼく自身、三、四歳のころ、重い肺炎にかかって死の危険にさらされてもいます。

しかし、いま、肺炎はまったく様変わりしました。肺炎といっても、重い肺炎もあれば軽い肺炎もあり、最近はウイルスによる肺炎だとか、ウイルスと細菌の中間といった性格をもつマイコプラズマという微生物による肺炎だとか、そんな軽い肺炎がふえてきました。

肺炎というのは、いってみれば、胸部のレントゲン検査をすることによってはじめてつけられる病名です。せきがでて、高い熱がでて、元気もなく、青い顔をしている子どもを見て、ぼくたちは「これは肺炎かな」と考えて、ていねいに胸に聴診器をあてます。そうしたら、肺炎の可能性を示す呼吸音を聞くことができたとします。ここで、この子どもが肺炎である可能性はかなり高くなってはいるものの、「肺炎」と確実にいうことはできません。胸のレントゲン写真をとって肺炎に特有の影が見られたとき、はじめて「肺炎」という病名が確定するからです。レントゲン写真をとるまえに、「これはほぼまちがいなく肺炎だ」と思っていても、写真になんの影もでなければ、これは肺炎ではないということです。

もう少しちがうケースもあります。一週間も十日もしつこくせきがでていて、微熱もつづいているというようなとき、あるいは二、三日、高い熱がでて下がり、微熱になって安心していたら、また三、四日して高い熱がでたというようにくり返し熱がでるようなとき、「これは肺炎になっているかもしれないな」とぼくは思います。

でも、「レントゲン写真をとってみれば、肺炎になっているかもしれないけれど、まあ、やたらと放射線をあてるのはやめておこう。しかし、肺炎の可能性を念頭において治療しておこう」と考えて、肺炎と診断を確定するのは留保することがあります。

ちょっとわかりにくい話になったかもしれませんが、ぼくが診察をして、「この子は肺炎かもしれない」と思ったとき、レントゲン写真を撮って確認する場合と、「肺炎かもしれない」という状態のまま、あえて確認しない場合とがあるということです。

確認するのはどういうときかといいますと、そうとうに重症で、入院が必要かもしれないと思われるときです。こんなときは肺炎の重さの程度を判定するのにレントゲン写真が役立ちますし、また、入院を説得するさいにレントゲン写真を保護者に見てもらって納得してもらうことが有益だということもあります。こういう場合ははっきりと「肺炎」という病名を告げ、それにたいしてじゅうぶんな治療をしたいので協力してほしいと求めることになります。

一方、確認しないのはどういう場合かといいますと、肺炎とはいっても軽そうで、外来へ通いながらの治療でじゅうぶん軽快しそうだと思われるときです。こんな場合は、「ちょっとこじれたかぜですね。気管支炎といったところでしょうか。少しこじれたから、完全によくなるまでちょっと時間がかかるかもしれないけれど、心配しないでのんびりつきあってください」というようにいいます。「肺炎かもしれない」と脅して親を不安にさせる必要がどこにもないからです。

●──たとえ「ヤブ医者」といわれても

ところで、こういう対応をしていると、困ったことが起こる場合もあります。

たとえば、「あのお医者さん、かぜがこじれたっていってるけど、ほんとうにそのていどなのかしら。心配だわ」と考えたお母さんが、子どもをほかのお医者さんのところへ連れていったような場合です。

そのお医者さんがたまたまレントゲン好きだったりすると、子どもはすぐ写真を撮られてしまいます。写真を見ると、はっきりと肺炎の影がある。そこで、お医者さんは、「こりゃあ、たいへんですよ。見てごらんなさい。こんなにはっきりした肺炎になっている。どうしてこんなにしちゃったんですか」っていいます。お母さんは、「チクショー、いままで行ってた医者はやっぱりヤブだったわ。こんなひどい肺炎をかぜだなんていうんだから」と怒ることになります。

治療がはじめられ、子どもがよくなると、お母さんは「やっぱり病院かえて正解だったわ。まえのヤブ医者へあのまま通っていたら、どんなことになってたかわかりゃしない」という感想をもちます。これはちょっとくやしいですねえ。こっちだって肺炎の可能性を考えながら治療していたわけで、だからとくに肺炎と確かめる手続きをとらなくても、おなじようにこの子はよくなってたはずなのですから、ヤブ医者とまで呼ばれなくてもいいと思うのです。

でも、こういう展開になると、ヤブ医者の汚名はのがれられません。それがいやさにレントゲン写真をとってしまう。そうすると、これは患者さんのためではなくて、医者が自分の汚名を回避したいためだけにレントゲン撮影が行なわれたということになるのです。結局、こういうことの積みかさねが、不必要な放射線照射という一種の公害をうみだしてしまうのです。

それでぼく自身は、たとえヤブ医者と思われてもいいから、レントゲンを撮るのを最少限にとどめようと決意しているわけです。レントゲンをあまり撮らないから、肺炎という病名をつけることも少なくなります。そうすると、ぼくのところへくる患者さんのなかには、軽い肺炎にかかったけれど、自分が肺炎にかかったとは知らないで終わってしまう人もいるということになるのです。で、それはそれでいいと思うんですね。

ぼくの診療所へはじめて子どもを連れてきたお母さんのなかに、子どもにたいしてとても過保護な扱いをしているように見える人がときどきいます。どうしてこんなに過保護になっているんだろうと思いながら、「このお子さん、これまでになにか大きな病気しましたか」と聞くと、お母さんは待ってましたとばかりに、「ええ、肺炎にかかったことがあるんです」と答えるのです。

こういう経験はしばしばあります。一度お医者さんから肺炎と宣言されると、「ああ、たいへんな病気にかかってしまったわ」と思い、「肺炎にしてしまったのは、はやめに手をうたなかったわたしに責任がある」と自分を責めてしまったりするんでしょうね。そうなると、その後は子どもがちょっと鼻水をだしても、すこしせきをしても、「また肺炎になるんじゃないかしら」と心配になり、急いで病院へかけつけることになるようです。

お医者さんのほうで「そんなに神経質にならなくてもいいんですよ」といってくれれば、お母さんの過保護な対応もいくらか薄められるのでしょうが、たいていのお医者さんは、「かぜをひいたら、すぐ連れてくるというのはたいへん望ましい態度、感心、感心。そういうようにしっかり気をつけるのが親としての責任なんですよ」とほめたりするから、いよいよお母さんは過保護になります。これは困ったものです。過保護が子どものためになるとはとても思えませんから。

しかし、こうなるのも、もとはといえば、医者が「肺炎」と脅したからです。肺炎なんていわないで「少々こじれたかぜですね」といっておけば、お母さんは過保護にならずにすんだわけです。これはまさに「嘘《うそ》も方便」のよい例だと思います。

ということで、肺炎と宣言して不安がらせるようなことをなるべく避けようとしてくれるお医者さん、どうしたら患者の側がゆったりした気持ちになれるだろうかと配慮してくれるお医者さん、そういうお医者さんを選んだらどうでしょうか。

子どもを一人まえに扱う人——医者選び❸

三番目には、子どもの主体性を認めてくれるお医者さん、子どもを一人まえに扱ってくれるお医者さんを選んだら、といっておきましょうか。しかし、この点にかんしては、こういっているぼく自身も不十分で、いま現在、ようやく子どもの権利、とりわけ「自己決定権」というものを考えようとしている段階です。だから、偉そうにこんないい方をしていいのかどうかわからないのですが、とにかく子どもの権利を尊重してくれるお医者さんがいいと思います。

小児科の世界では、「子どもは大人の小型ではない」とか、「いや、大人と子どもはおなじ点がたくさんあるから、子どもは大人の小型と考えたほうがいい」とかといろいろ議論があります。

フィリップ・アリエスという人が書いた名著『〈子ども〉の誕生』（みすず書房）には、近代以前は子どもは特別あつかいされておらず、大人の遊びや生活に参加していて、子どもという概念は近代とともに生まれたというようなことが書かれていますが、そうしたことについては、ここではくわしくふれませんから、興味のあるかたはアリエスの本を読んでください。ただ、子どもを一方的に保護される弱い存在としてとらえるのではなく、一個の人格として尊重したいとぼくは思っています。

アメリカなどでは、たとえば、白血病に侵された子どもにたいして白血病であることを告げ、白血病について正確な知識を与え、子どもが自分自身で白血病と向かいあって生きていくことができるように手助けをします。これはアメリカの社会が子どもの人格を尊重していることを示しており、日本などではあまり見られないことでもあります。

一般に、子どもが病院へやってくるのはほとんどの場合、自分の自由意志ではありません。自分はきたくないのにむりやり連れてこられたのです。そして、拒否の意志を示しても、結局は強制的に治療されてしまうのです。これは子どもにとってみれば、まことに理不尽なことでしょう。親も医者も子どものためを思って強制しているのだといくらいっても、子どもにとっては理不尽な強制でしかないのです。そのことを理解し、少しでも子どもが納得して治療が受けられるように心を砕く、そういうお医者さんは信頼できるというべきでしょう。ぼくもそうなりたいと思っています。

さて、第4話でも紹介しましたが、ここに『新しい問診・面接法』という医者むけのステキな本があります。(これもまた、残念ながら日本のではなくてアメリカの本です。)

この本のなかの「小児および両親との面接」という章には、子どもを診察するときの心得としてつぎのように書かれています。

幼児期における、言葉による意志の疎通の根底をなす認知機能についてはよく理解しておく必要がある。二歳児は、親や他の大人（親ほどではないが）を万能のようにみなしている。Fraibergは、その例として太陽が沈むのを見て、「もう一度やってみせて」と父親にせがんだ二歳児の話を紹介している。

このように子供が親を信じきっているということに対しては真面目に対応すべきで、からかったりしてはならない。医師や他の医療従事者も子供にとっては同じように全能の人なのである。したがって、医師や看護婦はこのことをよく理解し、いたずらに子供を怖がらせるようなことをしてはならない。

また二歳児は、自分の考えや望みが現実になるように感じているものである。臨床家は、幼児は夢と現実の区別が十分にできないということをよく理解し、子供の考えや望みと現実の違いがよくわかるように子供に接してやらねばならない。現実に対する認識が発達して、大人の世界のことがわかってくる年長児の場合には、こうしたことにはさほど注意を向けなくてもよいようになる。

こうしたいろいろな制約はあるが、それでも臨床家は面接に際しては親とばかり話すのではなく、たとえ小さな幼児の場合でも、子供と直接話をすべきである。

ここには子どもにたいする理解と、子どもを尊重しようとする態度が貫かれています。子どもとはまじめに対応し、からかってはならないと説かれていますが、傾聴すべきことだと思います。最後のところで、子どもと直接に話をすべきであるとすすめていますが、これにもまったく同感で、ぼく自身も実践しています。

子どもの診察の場合は、つきそってきた保護者が一方的に話をして、子ども自身が話す余地がないといった光景がふつうです。しかし、なかにはお母さんが「この子、のどが痛いんです」というと、「ぼく、痛くない」といい返す子どももいます。こんなときは、子どものほうに目をむけ、「ほんと、痛くないの？」というように子どもと会話をするようにします。お母さんの話よりも子ども自身の発言を重視してみることにするのです。こういう診察は診断をするうえでもけっこう役に立ち、また、子ども自身の疎外感を埋めあわせる手段にもなります。子どもを理解し、子どもの権利を尊重しようとするお医者さんは、よい腕をもっているといえるのではないかと思うのです。

患者ばなれのよい人——医者選び❶

最後におすすめするお医者さんのタイプは、「患者ばなれのよい」お医者さんです。患者ばなれがよいということは、よくほかの病院を紹介してくれるということでもあります。ぼくは自分の技術が未熟ということが逆にさいわいして、かなり「患者ばなれのよい」医者だと自負しています。

日本の医療の大きな問題の一つは、病院・医院の機能分化がはっきりしていないことだと思います。ここで病院・医院というとき、病院は入院設備をもち、高度な医療機械を備えた医療機関、医院は入院設備がなくて外来だけをみる小さな医療機関をさします。

病院と医院にはそれぞれの守備範囲があっていいはずで、ありふれた病気は医院、いろいろ検査が必要なむずかしい病気は病院というように役割分担をすればいいのです。ところが、日本では医院でもかなりの設備をもっているところが多く、十人程度しか入院できないような小さな病院（ほんとうは医院といったほうがいい規模ですが）にCT（コンピューター断層撮影装置）なんていうものすごい機械が設備されていたりします。

ですから、日本では大病院・中小病院・医院の役割分担がはっきりしなくなり、チーム・プレイというものができなくなっています。医院であつかうのが適当でないようなむずかしい病気の患者さんが病院へ紹介されないで、そのまま医院に通院していたり、中小病院よりも設備のある大病院で治療をすべき患者さんが、紹介されないまま中小病院で治療を受けていたりと、そんなことが日本ではいくらでもあるように思います。中小病院と大病院が紹介したり、紹介されたりする友好的な関係にあるのではなく、「商売敵《がたき》」として競争しているというのがこの国の医療の現実なのです。

ぼくは自分が診療をしていて自信がもてないとき、ぼくよりもほかのお医者さんが診療にあたったほうがその患者さんにとってしあわせだと思われるような場合、ちゅうちょせずにほかの医者を紹介することにしています。

医療というのはパズル的な要素をふくんでいて、多彩な症状を組みあわせていって一つの病名に到達します。とりわけその病名がめずらしいものであるようなときには、医者に知的な満足を与えてくれます。自分以外の何人かのお医者さんが診断をつけられなかった患者さんがぼくのところへやってきて、その患者さんにぼくが正しい診断をつけられたというようなときは、ちょっと得意にもなります。

でも、そういう喜びをえたいために、ぼくの診療所の医療レベルでは診断のむずかしい患者さんにたいしてなんとか診断をつけようとするのは、危険なことだとぼくは思うのです。診断があたればいいけれど、あたらなかった場合は患者さんにとって大きな時間的なロスになります。また、たとえあたったとしても、ほかの病院ならもっとはやく診断がついていた可能性があるような場合には、やはり患者さんにとってロスが大きいのです。

というわけで、ぼくはあまり冒険をせず、自分の守備範囲をガッチリと固めようと心がけているのです。そうすると、ほかのお医者さんへ紹介することが必然的に多くなります。

ただこの場合、紹介する相手のお医者さんは信用できる人でなければなりません。医者同士で紹介しあう場合のふつうのルールは、自分の出身大学の同窓生のところへ紹介するというかたちになっています。日本の医療の世界では、大学ナショナリズムというものが強くて、おなじ大学の出身者は団結して助けあうということが多いのです。ぼくはこのナショナリズムもきらいなので、同窓生のところへ紹介するという場合は、その人がぼくの友だちで、日常のつきあいのなかから信頼できると確信するときにかぎられており、むしろ他大学出身のお医者さんに紹介するほうが多いくらいです。

みんなで「医療マップ」をつくろう——医者選び❺

どういうお医者さんへ紹介すればいいか、昔は悩んだこともありました。しかし、やがて一つの方法を会得しました。それは、ぼくのところへやってくる患者さんに評判を聞くという方法です。

たとえば、お年寄りの患者さんの場合、たくさん病気をもっていることが多く、そういう人はぼくのところへくる以外に眼科へ行ったり、皮膚科へ行ったり、整形外科に通っていたりと何軒かをかけもちしているのです。そこで、患者さんに、通っている眼科や皮膚科のお医者さんについて、どんな診療ぶりかを聞いてみるのです。「A先生はむずかしい病気は熱心にみるけれど、年寄りの病気は年のせいだって片づけて、ろくにみてくれない」「B先生はわたしらの話をいやな顔をしないで聞いてくれる」「C先生は腕はあまりよさそうじゃないけど、とてもやさしい」というように患者さんたちは率直に感想をいってくれます。

ぼく自身もこんなふうにいわれているんだろうな、悪口をいわれないように気をつけなくちゃいけないなあと自戒もさせられるのですが、とにかく、患者さんたちからのこうした情報は役に立ちます。こういう情報をもとに、たとえば、整形外科ならM先生のところへお願いしよう、眼科はF先生にと決めていくのですが、これまでこういう判断はほとんどまちがっていませんでした。

こうしてぼくは自分の手に負えない、あるいは自分の診断に自信がないと考えたときはすぐに紹介状を書きます。このことははずかしいことだとも無責任なことだとも思っていません。こういうことを実行していくと、こんどは、相手のお医者さんから紹介された患者さんがくるようにもなります。安心して紹介できるお医者さんは、こちらへ患者さんがみえるときもキチンと紹介してくださいます。こうして医者同士の理想的なチーム・プレイができるわけです。

ぼくの頭のなかには八王子という地域についての一つの医療マップができあがっていて、そのマップのなかで、どのお医者さんに患者さんを依頼するかという選択をしているのです。

そのような医療マップはみなさんがつくることも必要だろうと思っています。みなさんの住んでおられる地域で、みなさんの知りあいのかたたちからできるだけの情報を集めて、信頼できるお医者さんのマップをつくってみてはどうでしょうか。個人の力で「よいお医者さん」さがしをするのはきわめて困難なことだと思いますから、「衆知」を集めるのがいいと思うんですね。実際、こういう作業をはじめている人たちもいますから、それほどむずかしいことではないと思います。

話が少しずれましたが、とにかく紹介状をめんどうがらずに書いてくれるお医者さんというのを、お医者さん選びの一つの目途《メド》として考えていいと思っているのです。

これ以外にもよいお医者さんの条件といえるものはたくさんあるだろうと思うのですが、それはやっぱり患者さん側であるみなさんのほうが列挙していくもので、ぼくのほうからだしていっても、ぼくの個人的な思いの枠にとどまってしまいそうですから、このへんで切りあげます。

医者に遠慮はいらない

最後に、お医者さんとのつきあい方というテーマにもどっていくつかの追加をしておきましょう。

この章の最初にも少しふれましたが、医者とつきあうのに「医者に好かれるようなものわかりのよい患者」になっていてはだめで、「多少うるさがられても、はっきりとものをいう患者」にならないと、日本の医療はよくなりそうにもありません。患者さんの側がはっきりとものをいい、医者の側はそれに謙虚に耳を傾ける――そういうことから〈医者―患者〉のよい関係がつくりだされ、いまの医療がいくらかでも心通う医療の方向に変わっていくのではないでしょうか。それがぼくのめざしているものです。医者と患者のあいだでできるだけ隠しごとがなく、心にもないお世辞や必要以上の心づかいなど気にせず、医者と患者が協力しあい、援助しあって病気の治療にたずさわるということができれば、最良だと思うのです。そういうつきあい方ができるといいと思います。

それから、これはちょっと大胆なものいいになりますが、「ためらわずに病院を変えること」もときには必要といっておきます。

ぼくがずっとみていた患者さんがプッツリと来院しなくなる。どうしたのかなあと思っていると、何か月かして久しぶりにやってくる。「どうしたの」って聞くと、「じつはほかのお医者さんにもみてもらおうかと思って行ってみたんです。でも、やっぱりこっちの先生がよさそうなので、またきてみました」なんていう。

こんなとき、はっきりいってムカッとしないわけではありません。「なんという勝手な」と思わないわけでもありません。でも、この患者さんが、「ほかへも行ってみようかな」という気分になったのは、ぼくのほうになにか落度《おちど》があったのかもしれないのです。ぼくがこの患者さんにじゅうぶんな信頼感を与えられなかった結果だと思うのです。ですから、ムカッとしてはいけないのです。

患者さんとしては、なんとなくかかりつけの医者が信じられなくなったとき、思いきって転院することで隠れた病気を見つけてもらうことができるかもしれません。かかりつけのお医者さんへの義理だてばかりを優先して転院をためらっていると、不幸な結果を招くこともあると思うのです。

でも、病院ショッピングといわれるような、あちこちの病院を転々とするスタイルはおすすめできません。もし、いまかかっているお医者さんからほかへ変わってみようと思うときは、いろんな情報を集めて移りがいのあるお医者さんのところへ変わるようにしたいものです。

外科の病気の場合など、手術ずきのお医者さんにあたると、簡単に手術をすすめられることがあります。そんなときにもう一軒、ほかの病院へ行ってみると、そこにはなるべく手術をしない方針のお医者さんがいて、手術をしない治療をしてくれることもあるのです。手術は一回してしまったら、とり返しがつかないので、緊急でない場合だったら、少なくとも二か所の病院に行って、両方のお医者さんのいうことがおなじかどうかを確かめておくことが、自分のからだを守るうえで必要ともいえるように思います。

第7話 「母と子の絆」論をけっとばせ

●もっと気楽に子育てを楽しもう

「子育て戦争」がはじまった

最近、「親と子の絆」ということばをよく耳にします。また、目につくようにもなりました。これは、実際には「母と子の絆」といわれることが多く、この「母子相互作用」論は最近の流行といってもよいでしょう。

「母と子の絆」論が流行している背景を考えてみますと、ひとつには子どもの早期教育、能力の早期開発が必要だということがいわれだしたことがあると思います。人間の将来というのは幼時期の教育で決まってしまう、極端な話になると、胎児期の胎教からはじまるという「早期決定論」ともいうべき理論が流行しているのです。いままでは、幼い時期はのんびり遊んでいればいい、子育てを楽しんでいればいいといわれていたのが、そんなに遊んでばかりいると、あとでとり返しのつかないことになるよ、と親は脅迫されるわけです。

これは最近の育児雑誌、赤ちゃん雑誌の流行にも現われています。こういった雑誌には、どうやって頭のいい子に育てるかということが競って書いてありますから、それを自分だけ読んでほかの人が読んでいなければ、優劣の差がついて、将来も有利になるだろうという錯覚を親に抱かせる効果があるようです。つまりは、現在の能力主義社会にぴったり寄りそったかたちで、すでに親の子育て競争がはじまっているのです。これは受験戦争にそくしていえば、もはや「子育て戦争」といっていいものです。イヤな世の中になったと思いますが、問題なのは、この「母子相互作用」論は小林登氏など小児科医たちが旗ふりをして宣伝しているということです。

「母と子の絆」論は、最初、ボールビーという人が一九五一年から一九六九年にかけて約二十年間、子どもの状態を観察して発表した論文が、WHOに採用されたりして有名になりました。

幼児期の母と子の絆はひじょうに大切なもので、とくに生後すぐのそれは決定的に重要であり、あとあと子どもの心理面や性格に大きな影響をおよぼす、と一般的には考えられています。たとえば、動物のインプリンティング、つまり「刷り込み現象」というのは、生まれてきた動物の赤ん坊が最初に見たものを親だと思いこんで、特別な愛着行動をもつことをいいますが、その愛着の対象を無理に引きはなしてしまうと、あとあと悪い影響をおよぼすということになっています。

しかし、ボールビーの観察の対象になったのは、親に捨てられて乳児院で生活している赤ちゃんや、親がひじょうに貧しくて子どもを育てられないといった特別な環境のもとにある子どもでした。そういう特別な例で観察されたことが、どんどん一般の子どもについても拡大解釈されていったわけです。

これには反対論もでてきまして、マイケル・ラターの著書『母親剝奪理論の功罪』(誠信書房)

では、ボールビーへの批判というより、こうして拡大解釈された「母親剝奪論」への批判がされています。

ところが、日本にはこういう批判のほうはほとんど紹介されていなくて、母親と子どもの関係が大事ということだけがきわだってとりあげられているのです。本屋さんへ行っても、もっぱらこういう傾向のものばかりで、オランダの有名な心理学者であるヴァン・デン・ベルクの書いた『疑わしき母性愛』（川島書店）という、「そもそも母性愛などというものがあるのか」といった衝撃的なことが書いてある本などはめだたないし、あまり売れてもいないようです。

しかし、世の中には子どもがきらいなお母さんもいるし、子どもはなるべくほったらかしにしておくほうがいいと考えるお母さんもいます。でも、こういうお母さんは、自分の行動を正当化するために本を読もうとはあまりしません。だから、こういう本は売れないんですね。一方、子どもに一生懸命に密着して、将来、なんとかいい子に育てたいと願うお母さんたちは、そのノウ・ハウを本で知ろうとしますから、母性愛を強調するような本はどんどん売れます。

保育園育児か家庭育児か

第3話のときに、ぼくはいろいろなところで、子どもはいつから保育園に入れたらいいかと聞かれるということをお話ししましたが、ここでもういちどくわしくお話ししてみようと思います。

いったい、子どもはいつから保育園に入れたらいいのでしょうか。生後三か月までに、あるいは三か月からか、六か月からか、三年からか、ぜんぜん行かないで自宅にいたほうがいいのか、それぞれの子をずっと追いかけた研究というものは、いまのところ実際にはありません。また、追いかけるにしても、どこまで追いかけて調べたらいいかという問題もあります。幼児期の教育が成功したか失敗したかは、成人してから、どれだけ社会のなかで力をもつ人間になりえたかが評価の軸になるのかもしれませんが、それはいい大学に入学したということで成果をみるのか、大会社に入社したことでみるのか、あるいは、出世はしないけれど、豊かな人生を送ったということで評価するのか、それすらはっきりしてはいません。

ぼくの家の三人の子どもは、いずれも、連れ合いの産休あけから保育園に入れましたが、いつから入れると知能がのびるかとか、将来、有利かとかは一度も考えませんでした。ただ、ぼくも連れ合いも二人とも仕事をつづけたかったから入れたのです。子どもは多少、親の巻きぞえをくって苦労するかもしれませんが、それも人生、親が十全に生きることは子どもも十全に生きることにつながる、と勝手に思ったわけです。

ふつう、保育園に入れるということは、主として家庭や親の都合によるのですが、最近は、家庭で親が育てるほうが優秀な子どもになるのか、集団のなかに入れるほうがいいのか、もし集団が有利となれば、もう少し家でかわいがりたい気持ちもあるけれど、保育園に入れるべきだろうか、また、仕事はずっとつづけたいけれど、早くから集団に入れると非行化するかもしれないから、仕事をやめようかなどと、いろいろ悩んだすえに選択する人も多いようです。しかし、こういう悩みにたいしては、データ不足でどれがよいとも答えられないとぼくは思います。

ところが、小児科医のなかには、ひじょうに明快に答える人もいます。明快に答えられるということは、じつはそういう発言をする小児科医の多くが男性であるということによります。といいますのは、大学の教授とか大病院の医長とかいった地位にあるような小児科医の多くは、自分のやりたい研究をするために家庭など顧みず、子育てはぜんぶ妻に任せていたりするものです。つまり、そうやって家事・育児はほうりだして自分の仕事だけしている状態をとてもしあわせに感じているわけですから、「幼児期は母親が育てるのがいい」なんて自信をもっているし、「仕事と育児の両立をどうしよう」なんて思い悩む母親に気づかなかったりするのです。

「母親は家事と子育て、父親は仕事という役割分担は歴史的にも長くつづいてきているし、それが一番しぜんなのではないか」と彼らはいうのです。しかし、これは女性にたいする差別の歴史が長かったということにすぎず、育児や家事は、本来、女性に向いているなどとはとても断言できないはずなのです。

たとえば、子どもになにか「問題行動」があるという相談を母親がもってきますと、これらの小児科医は「保育園に預けているからそうなるのだ」とか、「母親の愛情不足だろう」とかと簡単に決めつけます。そして、どうしたことか、男性の医者ばかりでなく、女性の医者のなかにもおなじようないい方をする人がいます。つまり、エリートといわれる女性のなかには、「能力さえあれば、男性と対等にやっていける」という自信から、男性優位の社会状況を肯定してもかまわないという気分になる人もいるようなのです。

　保育園へ行くほうが家庭にいるよりもよいのかといった議論に答えられない理由としては、保育園にもいろいろあるということもあります。公立・私立・無認可とさまざまな保育園があります。そして、無認可の保育園といっても、営利中心のものもありますし、公立や私立の認可の保育園がもっている管理的な面をなくし、働く親と連帯して、いろいろなかたちで子育てをやってみようとする手づくりの、フリー・スクール的な保育園もあります。認可の保育園でも、できるだけ管理の枠をはずして、子どもたちを生き生きと育てようとするところ、管理をビシッとして、しつけもきびしくという方針のところなどいろいろですから、これを十把ひとからげにして、保育園がいいとか、家庭がいいとか、いつから保育園に預けるのがいいとかは簡単にいえないわけです。

　つまり家庭だって親だって保育園だって、いろいろあってさまざまなのに、その多様性を無視して、「家庭」と「保育園」のどちらがよい育児環境かというように一般論として論じることに、そもそも無理があるのです。

「母性」は時代に利用されやすい

ところで、日本では各科の医者のなかでも小児科医にとりわけ、「家庭のなかでは父親は権威をもって子どもに生き方を教えていくもの、母親は子どもをいつくしみ育てるもの」というように男性と女性の役割をひじょうに固定化して考えている人が多いのです。

医者の世界では、夫婦とも医者というケースはいっぱいありますが、女性のほうが育児のために仕事をやめて専業主婦になってしまい、男性のほうだけが仕事をしつづけているという家庭が少なくありません。こういった場合、自分たちがそうですから、共働きの親にたいする理解がなく、むしろ嫌悪感をもったりするようになります。

専業主婦ですと、お医者さんから「つぎは三日後の午前中にいらっしゃい」と来院日を指定されても、なんとかやりくりして、その時間に行けることが多いのです。しかし、共働きの場合ですと、「それはちょっと無理ですから、ほかのときにしてください」と頼まなければならなくなったりします。また、病院の診療時間の終了まぎわにかけこんで、なんとか診察してもらったりすることもあります。そうすると、医者の側は、「専業主婦はキチンと子育てをしているのに、働いている母親は自分の都合ばかり考えて、いいかげんだ」と考え、そういう評価が医者の診療態度にも現われるのです。

また、共働きの家庭だと、お父さんが子どもを診療に連れてくる場合もあります。そうすると、たいていモタモタしちゃうことをまえにお話ししましたね。で、モタモタすると、医者のほうは不快になっちゃうんです。ぼくは共働きの人の応援団だから、モタモタもほほえましい思いで見ていますが、家事・育児をしない男の医者は、「これだから共働きは困る」なんて思うわけです。そして、共働きの親をきらいになってしまいます。

困ったことに、この「きらいだ」ということがおしすすめられて、「正しくない」ということとイコールになってしまうのです。本来、好き・きらいと、正しい・正しくないということとは別の問題なのですが。ですから、産休あけから子どもを保育園に預ける親は、自分のことしか考えない、子どものことを考えない冷たい親だ、こういう育児は正しくないという結論になってしまいます。

こうして専門家たちは、「専業主婦による三歳までの家庭内子育て」といったものを推奨し、それをいうために「これは女性を育児にしばりつけるという差別的な観点でいっているのではない。母と子の絆が大切だという科学的な根拠にもとづくのだ」というようにして、「母と子の絆」論を援用するのです。こうなると、母親としては、「わたしは子育てだけに自分を捧げるのはいやだ。自分もじゅうぶんに生きたい」とはいいにくくなります。「母性の強調」というのは、女性の権利をおびやかす危険な論調でもあるのです。

ここでナチス時代のヒトラーの「母性」についての考え方を紹介しましょう。ヒトラーはひじょうに女性を大事にしたし、母親からの支持も大きかったといわれています。

人文書院からでているH・P・ブロイエルの『ナチス・ドイツ清潔な帝国』というおもしろい本によりますと、ヒトラーという人は禁欲的な人で、菜食主義であり、酒・煙草もたしなまず、ずっと独身でもありましたが、長いこと愛人であったエバ・ブラウンについては自殺する数時間まえに籍を入れたということです。なぜそれまで籍を入れなかったかといいますと、エバ・ブラウンとヒトラーのあいだに生まれる子が優秀なドイツ人であるという確信がもてなかったからだともいわれているそうです。

ナチス・ドイツでは、優秀な子どもを生む可能性のある女性、そして、生もうとがんばる母親だけが大事にされていたのです。そこでは、ドイツという国家の繁栄をささえていくような優秀な男性を生む母親だけが尊重され、生まない女性は明らかに蔑視されていました。母親にたいするこのような評価は、いまの日本にだって残っているのです。つまり、母親は優秀な子どもを生み、育てることをもっぱら期待されているということです。

さて、昭和三十年ごろから、粉ミルクがさかんに宣伝されたということもすでにお話ししました。それは、日本の高度成長のはじまりの時期でもあったので、生産力をあげるために女性も動員しなければならなかったのです。そこで、ミルクでもじゅうぶん子どもが育てられる、いや、それどころか、「母乳よりミルク」というキャンペーンが行なわれたのです。そんななかで、いろいろな添加物を入れて「頭がよくなるミルク」と宣伝していた森永ミルクが中毒事件を起こしたのです。

最近は、「ミルクよりも母乳を」ということが強くすすめられていますが、これには女性の労働力がいらなくなってきたために、もう一度、女性を家庭にもどそうという意図も働いているようです。

女性の労働力が必要なときは、保育園もどんどん作りましたし、集団のなかの保育は子どもの発達にもいいといった宣伝もされたものですが、最近は、子どもの数が少なくなったことや、家庭にはいる主婦が多くなったということもあって、定員割れしている保育園もあります。そうなりますと、保育園の位置づけもまた変わってしまいます。つまり、母性というものは時代によっていろいろに使いわけられてきたわけです。

母性が時代に利用される例を、医療の現場の「小児看護」という点でみてみましょう。ここでも「母と子の絆」論が展開されています。以前、赤ちゃんが入院するとき、母親がつきそうよりも、母親は家に帰って、看護婦さんが全面的に看護にあたる「完全看護」がいいといわれていました。専門家がついていてくれるのですから、母親もラクでした。

ところが、「母と子の絆」論がはやりだしてからは、母親がつきそうほうがよいということになりました。その背景には、日本の病院は絶対的な人手不足のために完全看護とは名ばかりで、実際には不完全看護であるという実態があるのは確かです。「完全看護」というのは、母親がついていなくても安心していられる看護状態のことですから、日本のほとんどの病院はそんな状態にないといってもよいでしょう。たとえば、東大病院では、人手不足の看護状況をカバーするために伝統的に母親がつきそっていたのですが、「母と子の絆」論がクローズ・アップされてからは、「東大病院は昔から母と子の絆を大切にする病院だから、母親につきそわせていたのだ」などといいだす人もいて、ぼくなど苦笑してしまいます。

母親を悪者にする神話

一九八二年に行なわれた国際シンポジウムの記録『親と子の絆・学際的アプローチで探る』という本が創元社からでています。書名には「親と子の絆」となっていますが、父親のことはほとんど書いてありませんで、もっぱら「母と子の絆」について論じられています。

いろいろな国の発達心理学や実験心理学を専門にしている学者、それから小児科医も参加しています。全体として外国から参加している人はわりあい客観的な見方をしていて、ボールビーの理論も絶対的なものではなく、「母と子の絆」論だって確立したものではないといっています。トーマス・スティプルトンという学者は基調演説の終わりで、「実験心理学は、子どもの全体的な発達理解にかんしてほとんど寄与することがなかったことを認めざるをえません」といっているのですが、ほんとうにそうだとぼくも思います。

最近は、大脳生理学というのも流行しています。千葉康則さんという大脳生理学者は、大脳生理学は実際の生活にはほとんど役立たないといっているのですが、現実にはどんどん実用化されています。

たとえば、右脳・左脳というようなことがいわれます。右脳は情緒を解するもの、左脳は言語機能をつかさどるものということになっています。たとえば、外国人には虫の音はたんなる音としか聞こえないが、日本人は虫の音を聞いて情緒を感じるから、右脳が発達しているというようなことがいわれますが、このへんは仮説として聞いていればおもしろいものです。しかし、新入社員教育で右脳を鍛えるなどと、なにか右脳と左脳をべつべつに発達・開発させることができるかのようにいわれているのを聞くと、これはびっくりしてしまいます。

右脳・左脳の論議は仮説としてはたいへんおもしろいのですが、この仮説を使って一種の日本人論・文化論にまでもっていったうえ、さらには能力開発にまで使うというように、どんどん別の方向に一人歩きしてしまっているようです。

乳幼児の発達心理学も同様に、まだ仮説だらけといっていいように思います。たとえば、有名なピアジェの子どもの発達を追いかけた観察は、それ自体ひじょうにすぐれたもので多くの人に認められていますが、その解釈についてはいろいろな意見がありますし、ピアジェの理論を見なおすべきだという意見もあります。心理学の領域には、物理学の法則みたいに絶対的なものがあるわけではありませんから、こんごも時代の検証を経ていくことになるでしょう。

さて、この『親と子の絆』という本のなかには、ジェームズ・ヒルマンという心理学者の「悪い母親・良い母親」という文章ものっています。そのなかでヒルマンは、子どもというものは善良な存在、悪いのは母親というように決めつけているのは一種の神話ではないか、母親を悪者にしてしまうことは、男性の学者にはとても有利なことだから、男性の学者たちがずっとそういってきたのではないかと述べています。

これは女性のみなさんならよくおわかりでしょうが、だいたい母親というものは自分を責めがちなもののようです。病気になりがちな赤ちゃんをもつと、「私の育て方が悪かったんじゃないか」、おねしょをする子には「私のしつけがまちがっていたんじゃないか」という具合によく反省するのです。子どもを育てることや教育することの責任は母親にあるという呪縛から逃れられていないのが実情のようです。

最近のフェミニズムの運動のなかで、ようやく女性の側から男性への批判がはじまってきましたが、まだ男性が自分たちのほうから自己検証するところまではいっていないと思います。とくに、学問の領域では、これまで男性社会に有利なように学問や、そこに内在する理論がつくられてきたはずなのですが、そういうことを男性の学者は反省していないように思います。しかし、このヒルマンという学者は、「自分たちは、子どもの問題を分析するにあたって、女性を祭壇にあげるようにしてそれを突っつき、解剖して原因を分析をしてきた。そういう観点を改める必要がある」といっています。

ぼくの育児当番日

さて、母子関係についてはいろいろな理論がでまわっていますが、父子関係のほうとなると、まだほとんど理論といえるようなものも現われていないようです。それだけ男性が育児にかかわってこなかったのだといえるでしょう。そして、男性が育児にかかわらないことを固定化し、家庭内での男女の役割を固定化して、さらには、そういう分業体制がしぜんの摂理でもあるかのように「理論」だてたうえで、父子関係というものが語られてきたわけです。

ぼく自身はすでにお話ししてきたように、家庭内で子育ての分担をまがりなりにもやってきました。そうしますと、一般に「家庭内で父親はこんな役割をはたすべきだ」と偉そうに書いている本などをみたときに、「ぼくのやっていることとちがうなあ」と思ってしまいます。そして、ちがっているけれど、ぼくがまちがっているというわけではなく、本に書かれている「男性の役割」が旧来の男性中心主義にもとづく時代おくれのものなのだろうと思います。

ところで、ぼくが育児当番の日の一日はざっとこんなものです。

まず、親が朝やらなければならない最低限のことは、朝食をつくること、登校や登園の準備をさせること、この二つだと思いますが、うちは共働きですから、せんたくなんかもしなければなりません。

以前は、ぼくが月・火・水は朝食づくり、木・金・土は洋服を着せる。逆に連れ合いのほうは、月・火・水が洋服を着せる役で、木・金・土は朝食づくりというふうに交替でしていました。ところが、ぼくの洋服の着せ方がでたらめで、妹の下着を姉に着せてしまったり、てんで配色の悪い上着とスカートの組み合わせにしてしまったりするものですから、洋服着せ係を解任され、いまは毎朝、朝食をつくっています。

朝食がすむと、いちばん上の障害をもっている娘を学校へ送って行きますが、これも半々の分担です。下の子どもたちが小さいときは保育園の送り迎えもしました。

いま、子どもたちは学校が終わると、共同保育「にんじん」に併設されている学童保育に行きます。ふつうの学童保育ではなかなか外にだしてもらえないのですが、ここはまったく自由ですから、長男と次女の二人はカバンをおいてどこかへ遊びに行ってしまって、ぼくが迎えに行くころに帰ってくるというパターンが多く、ここはカバン置き場みたいな場所になっています。水曜日と木曜日は、ぼくが仕事を早く終わって迎えに行き、うちへ連れて帰って夜までめんどうをみるという生活スタイルです。

買いものはほとんどぼくの担当になっています。といいますのは、ぼくはガバッとたくさん買うのが好きなので、何日かさきのぶんまで買い込んで冷蔵庫にしまっておく。そうすると、連れ合いがそれを使いきるというかたちになっているので、ぼくが買いものに行くことが多くなってしまっているのです。ぼくのほうは何日かさきまでの予備がないと落ちつかない。連れ合いのほうは冷蔵庫のなかに余計なものがはいっていると、スッキリさせたいというように、二人の性格のちがいがこういう分担にしているようです。

連れ合いがたまたま八百屋さんに行くと、わりあい冷たい目で見られるそうで、ぼくが行くと、愛想がいいんです。愛想はいいけれど、なんとなく同情されているような気分を感じます。男なのにかわいそうに買いものなんかして、と思われているのかもしれません。ぼくのほうは買いもの好きで買いものを楽しんでいるのですが。

たしかに昼間、男がブラブラ買いものなどしているのはめずらしい光景なので、「なんか怪しいやつじゃないか」と思われるのかもしれません。タクシーの運転手さんも、夜勤あけのときはパチンコ屋などでめだたないように時間をつぶしていないと、どうも町中は歩きにくい、格好がつかないといっていました。

学校の父母会なども、たまたま当番日のときはぼくが行きますが、男性は、まずいません。あれは名まえばかりの父母会で、実際は母親会ですね。入学式、そして、一年生のときの父母会ぐらいまでは父親が出席しているのを見かけましたが、そのお父さんたちは保育園時代に子どもの送り迎えをしていた仲間でした。そういうお父さんたちも子どもの学年がすすむにつれて父母会などにはこなくなります。

一方、先生のほうも父母会に男性が一人いると気をつかうようで、「お母さんがた」といってから「あ、お父さんもいました」といいなおしたりします。「そんなところにすわってらっしゃらないで、こちらへ」と先生の横の席をすすめられたこともありました。家庭訪問のとき、ぼくの当番の日だと、やってきた先生がなんだか早く帰りたいといった顔になったりします。

　障害児の場合、普通学級へ通わせていますと、学校から呼びだされて、「特殊学級へ変わったらどうですか」などと説得されることも多いのですが、そんなとき、お母さんだと、ひじょうに高圧的な対応をされがちです。ところが、父親が行くと、学校の対応がぜんぜんちがってやさしくなるということもあります。学校は、お母さんにはけっこういろいろなことをいえるけれど、男親にはいいにくいらしいのです。イヤなことですが、母親はなめられているんだなあと思わされます。

　さて、こんなふうにして、ぼくは育児や家事をそれでもわたしなりに、まあ、がんばってやってきましたが、実際は家事も育児もたいへん、正直なところ、好きな医者の仕事だけしていられたらなと思うこともないわけではありません。しかし、育児や家事をやってみると、そこからいろいろな社会状況がみえてきて、ひじょうにおもしろいということもあります。

子育てはキレイゴトではすまされない

　自分で育児をやってみますと、子育てをするのにキレイゴトばかりいってはいられないということがよくわかります。母親は母親らしく、いつも慈愛にみちた態度で育児にあたる、なんてことはできないはずだと思うのです。育児に携わっていると、「ああ、うるさい」とか、「もう子育てはいやだ」とか、「ああ、こんなうるさい子どもは殺してやりたい」とかと残酷な気持ちや凶暴な気持ちになってしまうこともあるはずです。ぼくもそういう気持ちになったことがあります。ぼくが診察室で向きあっているぶんにはとてもおもしろくて楽しい子どもも、この子の親になって一日中こいつとつきあうことになったら、たいへんだろうなと思うこともよくあります。子どもを他人として客観的に見るのと、実際にその子の親になってみるのとではまったくちがうはずです。

外から見て育てやすそうな子どもでも、実際に自分で育ててみると、育てやすいとはかぎりません。よい親にならなければいけない、やさしくて心の広い親にならなければ、と自分の率直な感情を押し殺してよい親をめざすのはしんどいことであり、それは子どもにとってもどこか息苦しいのではないかと思うのです。ですから、妙に自分の気持を押さえないで、自分の意志をはっきりさせて子育てをするほかないでしょう。ただ、それでうまくいくかどうかということは、ぼくは保証しませんが。

ぼくの子どもについていいますと、三人の子どものうち二人目の男の子がほんとうに勉強ぎらい、でも、とてもおもしろい子です。ぼくは自分がたいへんな勉強ずきでしたから、どうしてこいつはぼくに似ていないんだろうと不思議に思うのですが、とにかく勉強はしないで、めいっぱい遊んでいます。遊び方が度をすぎて学校から注意を受けることもよくあります。学校の先生には、「お父さんもお母さんもあまり家にいらっしゃらないようですし、さびしいんじゃないでしょうか」と、さびしさのためにこんな「問題児」になるのだろうといわれます。

ところが、おなじぼくの子でも、三番目の女の子は、最近はかなりいいかげんになってきましたが、去年ぐらいまではとてもまじめに勉強するきちょうめんな子でした。それで、先生から「どういう育て方をしたら、こんなにすばらしいお子さんができるのでしょう。育て方を教えてください」なんていわれたこともありました。まったくおなじ育て方をしているのに、上の男の子については育て方が悪いといわれ、下の子については育て方を教えてくださいなんていわれるのです。

これは結局、先生から見て、先生が理想的だと思う子どもに育っていれば、「家庭の育て方がよい」、気にいらない子どもに育っていれば、「家庭が悪い」といわれるということですね。なにも、先生に気にいられる子どもをつくるのが正しい子育てではないわけで、自分なりにこれがいいと思う育て方をしていたら、いまの学校に適応しない子どもに育ち、「しつけが悪い」といわれたとしても、そんなことは気にする必要はないと思います。

ハラハラ、ドキドキも楽しみのうち

ところで、母親の子育てのしかた、母子関係のありかたが子どもの将来を決定づけるといったことがさかんにいわれるものですから、育児ノイローゼになってしまう母親がたくさんいます。父親が育児ノイローゼになったという例は聞いたことがありませんから、やはり育児という場面では母親がなにもかも抱えこまされているのだなあと、ここでも確認できます。

子育てがひととおり終わった時期に、うつ病になってしまうお母さんも少なくありません。育児のさいちゅうはなんとか緊張関係がたもてても、子育てが終わったあとのうつがたいへん多いのです。

うつ病は、いま、どんどんふえています。ぼくのように小児科・内科を専門としていて精神科の看板をかかげているわけではない医者のところにも、うつ病やうつ状態の患者さんがいっぱいきます。しかも近年になって、その数はどんどんふえてきたと実感しています。

うつという病気は、以前は、日本人とドイツ人が双璧といわれるほど多かったのですが、最近は、西ドイツでは社会状況の変化とともに減ってきたといわれていて、現在日本は冠たるうつ病国といわれています。

かつてテレンバッハというドイツの精神病理学者は、メランコリー好発型性格というものを提唱しました。そうしたら、「日本にはメランコリー好発型性格の人がたくさんいる」ということで、この理論は日本でたいへんに受けいれられました。

メランコリー好発型性格というのは、まじめできちょうめんで融通がきかなくて、自分で判断するよりは人の判断にしたがうといった性格で、日本ではそういう性格の人は模範的な人としてあつかわれます。いいかえれば、集団主義がひじょうに強い日本の社会では、このタイプの人はたいへん模範的な人間ということになるといえましょう。このメランコリー好発型性格の人がうつになりやすいのです。

そう考えますと、うつにならない秘訣というのは、メランコリー好発型性格と逆のタイプになること、つまりは「いいかげんな人間になる」ということしかありません。いいかげんな人間になる、適度にでたらめな人間になる、野放図になる、楽天家になるということしかうつを防ぐ道はないようなのです。

とはいっても、やはり「いいかげん」になれない人がたくさんいるわけで、子育てをひじょうにキチンとやりきった「落としまえ」みたいなかたちでうつになってしまうことがあり、それはなんとも悲しいことです。母親が子育ての反動で、父親は仕事の反動でというように、それぞれの役割ごとにうつになってしまっている例もあり、これは悲劇というしかありません。

くり返しになりますが、自分を犠牲にして子育てをするということは、自分自身を疲れさせてしまうばかりか、子どもにとっても大きな負担になることがあります。一生懸命に子育てをした親は、その結果として子どもに見返りを要求してしまうことになりがちです。いい学校に行ってほしい、立派な社会人になってほしい、老後の親のめんどうをちゃんとみてほしいというようにさまざまの見返りを求めてしまうのです。

その要求にうまく答えられる子どももいますが、答えられない子どももいます。あるいは、そういう要求に答えることを拒否する場合もあります。親の期待がはたされないとき、親子関係に亀裂が生まれ、悲劇を生むこともあるのです。そもそも、子育てというものは見返りを期待するような性質のものではないはずです。にもかかわらず、期待してしまうところから悲劇が生まれるのでしょう。

子育ては、本来、ゆとりをもって楽しまれるべきものなのです。子どもをつがなく、ひとりだちできるまでに育ててあげる営みと考えれば、それはさほど深刻になるようなものではなく、かなり気楽なものになります。たしかにしょっちゅうハラハラしながら、ドキドキしながら進められていく営みではあるものの、そのハラハラやドキドキさえがひとつの喜び、ひとつの楽しみに転化しうるような、そんな営みであるはずなのです。

その楽しみを妨げ、深刻な不安に陥れるようなものが、この社会にはいっぱいあって、その一つが「母と子の絆」といった理論だと、ぼくは思っています。こんなものは「差別的な男」どもが、女性を古くさい「理想の母親」像の枠のなかにおしこめようとするタチの悪い策略だということで、けとばしてしまおうじゃないか、それがきょうのお話の結論です。

第8話

子育てはみんな好きなようにやればいい

●育児・家事をとおして見えてきたこと

子育ては男と女で

今回が最後になりました。これまでのお話のなかでも重複するところが何度もありましたが、今回はまとめのお話ということになりますから、なおさら重なってしまうのではないかと心配です。しかし、重なる部分は、ぼくがそれだけ強調したいから重なってしまうんだと好意的に考えてくださると、とてもありがたいわけです。

ぼくは三人の子どもを育てることによっていろいろなものを見ることができました。たとえば、保育園や学校を観察することによって福祉や教育のありようを知ることができました。これはたいへん貴重な経験だったと思います。親として自分の子どもを守らねばと思うと、そこから社会的な問題、たとえば、環境問題などにも目をむけざるをえなくなります。

いま、母親たちがたちあがり、原発のような環境問題にたいして最先端で闘っているのも、おそらく子育てのなかで見えてきたものがそうさせているといえましょう。「男は保守化し、現状維持を最善と考えている。一方、女は歴史を変えていこうとしている」といわれますが、男は仕事人間として自分の属する企業の利害でものを考えるようになっているのにたいして、女性は自分を守り、子どもを守り、地域の隣人を守ろうとするというように、広く人間の平和という視点でものをみようとしているから、そうなるのだと思います。

といっても、母親こそが世の中を変えるというように「母性」をまつりあげ、神聖化するのはヤバイと思いますし、「子育てを体験した人間でなければ、人類全体のサバイバルという広い視点をもちえない」というような子育てをやたらと強調したいい方も、いやです。子育てなんて、もっとあっさりと、人間のさまざまな営みの一つというように考えておいたほうがいいと思います。

子育ては女の役割、女の天性の仕事という考え方は少しずつ崩れつつあります。育児や家事をする男性も、いまではたくさんいます。「育時連」なんていう団体もできています。でも、「育時連」をご存じのかたは少ないでしょうから、ある本にでている「育時連」の紹介文を引用しておきます。

正式名称は「男も女も育児時間を！連絡会」。労基法で女にしか認められていない育児時間を男にも、と主張して一九八〇年に結成。仕事も家事育児も男と女で平等に分けあうライフスタイルをめざす。

八八年には、東京と京都で「アグネス論争・花の外野席」を企画。その時の、論争関係者を片っぱしからパロッたコントは傑作で、なかには自分で自分のパロディを演じる〝関係者〟もいたりして、会場は爆笑につつまれた。

こうしたイベントの他に、メーデー会場では毎年ビラを撒くなど、〝地味な〟活動もちゃんとこなす。常連メンバーはあわせて十人くらい。例会月一回、隔月にニュース発行。最近、関西、横浜にも次つぎ育時連が生まれ、互いに秘かなライバル意識を燃やしつつ、横のネットワークが生まれてきている。

そうかあ、育時連は一九八〇年につくられたのか、そうとうの歴史をもっているんだなあと、いまさらながら感動させられます。

「男も家事・育児の分担を！」という、日本では革命的ともいえるだいたんなスローガンを最初に打ちだした一人は、『交流』というミニコミの発行人である、ますのきよしさんだと思うのですが、娘の涼が生まれたころ、ぼくはこの人の家へよく行っていました。そのころはまだ東京都内の中野というところに住んでいましたが、ますのさんの家は近所でした。そのますのさんの家で医学の勉強会をすることになり、ぼくは講師といったかっこうで地域の人たちに医学や医療の話をしていたのです。

ますのさんはずっと長いあいだ、まことに地道に地域活動をしてきた人で、そのまわりにはいろいろな人が集まっていました。そういう人たちのなかから「男の子育てを考える会」というようなものが生まれてきたわけで、ぼくもそうとうの影響を受けました。そのような会の結成集会といったものに参加したこともありました。

ところが、その集会にはマスコミもきていて、「医者という職業でありながら、育児・家事を分担してやっているめずらしい人物」ということで、やたらとぼくのところへ取材にくるので、へきえきしてしまいました。それがいやで、そういう会へはでなくなったのですが、ぼくは、その後も心のなかでは、そうした活動をしている人たちに連帯のラブコールを送りつづけています。

ところで、このとき、ぼくが取材攻勢を受けた理由を明らかにしてくれるような文章を最近、ある本のなかで見つけました。これは『性役割の心理』(東清和・小倉千加子著・大日本図書) という本です。この本はひじょうにおもしろく、ぼくのおススメ本の一冊ということになりますが、そのなかにこんなことが書いてあるのです。

社会・経済的地位の高い男性は、家庭における諸問題についての最終的決定権を賦与され、家事への協力は免除され、妻の行動の自由を拘束する権利をもつ。激烈な結婚競争を勝ち抜いて、首尾よく、たとえば有能な医師の妻となった女性は、したがって夫婦関係においては相対的に低い地位にとどまり、期待はずれの結婚生活を送ることになる。

アメリカの医師の妻たちの不満を、コレット・ダウリングが紹介している。「あなたは夫の絶対者的立場に困っていますか?」という質問に「はい」と答えた妻は四八%にのぼる。医師の妻たちの不満は、大別すると二つある。夫が家事をいっさいしないことと、夫に家庭への関心がないことである。夫たちは職業的威光と収入の高さによって、家事とは無縁に生活し、その専門性の高さゆえに瑣末な家庭の話題にいちいち関与しないですます特権をもっている。

はあ、そういうことだったのかと思います。医者っていうのは、なんだかんだいったところで職業的威光をもっているんですよね。こういう威光をもち、じゅうぶんな収入をえていれば、もう男はもっぱらいばっていればいいわけで、家事や育児なんてことにかかわらなくてもいいという特権が与えられているということだったんです。

ぼくはそういうことを知らずにいままで家事や育児をしてきたのですが、これは社会常識からはずれたことであって、そのめずらしさにマスコミが飛びついたということだったのです。で、ぼくのほうはといえば、そういう気分ではなかったものですから、取材にウンザリしてしまったのでした。しかし、育時連の人たちの活動には注目しつづけており、いまもその人たちの活動からぼくは影響を受けつづけているといっていいのです。

男性と女性のこれまでの役割分担を問いなおし、家事も育児も男と女の共同作業として行なおうと実践してきた育時連の活動は、いまではそうとうの広がりをもち、かなりの発言権ももつようになってきています。

ただ、そういう会などでよくいわれる「家事・育児はとってもおもしろくてすてきなもの、そんな楽しいものを女性にばかりやらせておく手はない。男もかかわらなくては」という意見には、ぼくはちょっとひっかかるところがあります。家事や育児には、そんなに楽しいとばかりは思えないところもあるからです。はっきりいって、ぼくはいまでも家事が好きではありません。それほどいやというわけではありませんが、といって好きかといわれれば、「とんでもない」と答えざるをえません。

料理についていえば、作るほうはおもしろい部分もありますが、あとかたづけはたまりませんし、掃除も好きじゃありません。洗濯は器械がコトコトと自動的にしてくれるからラクですが、干すのは自分でしなければなりませんし、洗濯物のとりこみもめんどうです。どれも「できれば」さぼりたいという性質のものです。子育てだって、はたから見ていると楽しそうだけれど、自分でしてみると、かなりめんどうなものです。ああ、子どもなんかどこかへ行っちまってほしいと思うこともしばしばです。しかしまあ、家事よりは育児のほうが楽しいことは確かでしょうね。

ですから、「子どもがきらい」「育児がきらい」とはっきりいうお母さんをぼくは理解できます。子育てはけっこうめんどうなものだから、きらいだという人がいておかしくないと思うわけで、「子育てがきらいなんていう母親は、母親としての資格がない」などといいきる人には、「あなた自身、まじめに子育てにとりくんだことがないから、そんなことがいえるんじゃないの」とか、「あなたはたまたま運よく手のかからない子どもにあたったから、そんなふうにいえるだけなんじゃないの」とかとことばを返したい気分です。

家事や育児を毎日毎日、一人でやっているのはたいへんなことで、手ぬきをせずにまじめにとりくんでいると、それこそノイローゼに陥る危険もはらんでいるのです。そういうものだからこそ、男もそのたいへんさをわかちあうべきだ、とぼくは考えているのです。そして、実際にしんどい思いをしながら、ぼく自身はそのたいへんさをわかちあってきたのでした。

日本の集団主義を追いだそう

でも、さきほどもいいましたように、こういう体験のおかげでいろんなことが見えてきました。たとえば、保育園や学校をとおして「日本における集団のありよう」というものも見えてきました。そして、つくづく日本は集団主義の社会なのだなあと痛感しました。

こんなことはべつにぼくの新発見ではなくて、たとえば、『日本的集団主義』（浜口恵俊・公文俊平編／有斐閣）なんていう本もでているくらいですし、いろいろなところで語られてもいます。とりわけ、最近、日本が国際的に経済摩擦などをひきおこし、外国からさまざまに非難されるようになって、ぼくたち日本人自身が日本の社会を見なおさざるをえなくなるという状況が生まれるなかで、この集団主義がこの国の社会を支配する一大原理として浮上してきています。

いま紹介しました『日本的集団主義』という本は、じつは「集団主義」を礼賛するというとんでもない本なのですが、なかなかおもしろい例も掲げられているので、ちょっと引用させてもらいます。この本の冒頭の文はつぎのようなものです。

日本人はいつも集団で行動し、集団の決定にすなおに従い、そして集団のために喜んで自分を犠牲にする、と言われてきた。つまり、日本人は集団主義者であって、個人としての自律性を欠くことが多いというのである。たしかに自らの属する集団に同調しすぎる傾向があるようだ。

なるほど、たしかにそうだなと思いますね。みなさんのなかにも納得されるかたは多いでしょう。集団のなかで少数派であった場合、個人としての意志を押さえて多数決にしたがうのがぼくたち日本人のやり方のようです。そして、著者はつぎのような例を具体例としてあげています。

日本の小学校などでよく見かける光景であるが、先生が生徒に向かって「みなさんわかりましたか」とたずねると、生徒は全員声を揃えて「ハーイ」と答える。この場合、先生の方はかならず全員一致して「ハーイ」と答えることを期待しているし、生徒の方もたとえほんとうにわかっていなくても、全員声を揃えて同調することが先生の期待に答える所以であることを知っているのである。こういった全員一致的雰囲気のなかでただひとり

「わかりません」ということがきわめて勇気がいる行為であることは、日本人であればだれしも体験的に知っていることであるだろう。

これはまったく見慣れた光景です。ぼく自身も学校でこういう生活をしてきました。そして、それをあたりまえのことと思ってきました。しかし、たとえば、欧米人がこの光景を見ると、「まるで軍隊ではないか」と驚いてしまうのです。

実際、ぼくたちにとってあたりまえになってしまったこの光景を冷静に見なおしてみると、そこには背筋の寒くなるような集団的画一主義があり、それがかつては一億一心火の玉となって「聖戦」に向かわせたわけです。

そこで、どうも、この日本の社会のもつ息苦しさの大半が、この集団的同調（画一）主義に根ざしているのではないかと思いあたるのですが、この本の著者は「日本の集団主義は悪くない」ととらえていて、「それはけっしてアンチ個人主義」ではないといいます。そして、「日本人の集団主義は、成員の組織への全面的な帰服を指しているのではなく、他の成員との協調や、集団への自発的なかかわり合いが、結局は自己自身の福利をもたらすことを知ったうえで、組織的活動にコミットする傾向をいうのである」といっています。オヤオヤとあきれてしまいますが、もののいいようはあるもので、この著者は「初めに引用した小学生の『ハーイ』という一斉の返事では、生徒がクラスの運営までも考慮していたとは思えないが、少なくともクラス運営の責任者としての担任の先生の『期待』に応える必要があると全員が感じていたことだけは確かであろう」とまでいいます。

学校はだれのためにあるのでしょう。「クラス運営の責任者としての担任の先生の『期待』に応える」ために、わかっていなくても「ハーイ」と答えることが子どものためになるのでしょうか。なるはずはありません。「わかるようになる」ことが、子どもが学校へ行く目的であるはずで、クラス運営のためにそれをあきらめているんだとしたら、子どもは自分のために学校へ行っているのか、教師のために学校へ行っているのかわからなくなってしまいます。

しかし、いまの学校を見ていると、現実に学級運営がスムーズにいくということが最優先されているようで、そのために子どもの生活リズムが画一化されたり、校則でがんじがらめにされたりというようなことが日常的におこっています。

学校はすべての子どもを一つの型にはめようとしています。朝おきる時刻も夜ねむりにつく時刻もおなじ、毎朝、ほぼきまった時刻に排便があり、遊ぶ時間、テレビを見る時間、勉強をする時間、それぞれが一定の時間枠におさまっているのが理想だと子どもたちは教えられます。そうした子どもたちの生活時間を決めるためのベースになるのは学校生活です。学校での授業がいかに能率よくすすめられるか、いいかえれば、子どもたちがいかに学力を身につけるかが子どもの生活のなかでの最優先の課題となり、そのために一日二十四時間の生活が毎日、一定のスケジュールにしたがって営まれるよう子どもたちは求められているのです。

そこで、たとえば、起床時刻は授業開始時間の二時間まえが「正しい」というようにきめられます。自宅での学習時間は一年生が十分、二年生が二十分というように、学年数に十分をかけたものがよいなどといわれます。これはもう画一的という以外、表現のしようもないものですが、こういう画一化は「学力をつける」という大目標のために有益なんだから、悪いことではないというようにいわれます。授業開始時間より二時間まえに起きることは、一時間目の授業からスッキリ、サッパリしたさわやかな頭で臨むために必要で、一時間目からあくびをしているなんてのはとんでもない話、たとえば、前日の夜、おもしろい物語を読んでいて、つい夜ふかししてしまったためであるとしても、それが翌日の授業に悪い影響をおよぼすという一点において「よくないこと」とされるわけです。

ここにははっきりと学力至上主義が認められます。学校はあくまでも「学力をつける場所」なのだ、そのために子どもたちが多少、窮屈になったとしても、それで学力がつくといういい結果につながるなら、それは子どもたちのしあわせにつながる、だから画一化による窮屈さに子どもたちは耐えなければいけないのだという論理が正論としてまかりとおっているのです。

これはまさに「個人への抑圧」であり、こうした事態に適応できない子どもたちが学校へ行かなくなってしまうのも当然といえるでしょう。

このように子どもたちの個性を無視し、一列横ならびにおなじ規格のなかにはめこんでしまおうとする画一主義をいまの学校から追いださないかぎり、子どもたちはけっしてしあわせにはなれないとぼくは思います。

身を退けないでふんばろう

しかし同時に、学校をこのようにしてしまっている責任の一端は、ぼくたち自身のもっている「画一化志向」なのではないだろうかと反省してみる必要があるように思います。

集団主義のなかで平隠に生きていくには、「常識的でない」主張をして異端者あつかいされることはたいへんな不利であり、それゆえ、なるべく平均的な「ふつう」の人間として生きていこうと、ぼくたちは心のどこかで考えているのではないでしょうか。

平均的な人間として生きているかぎり、集団はやさしくしてくれます。ただし、ぼくたちはいつでも平均的な人間でいられるとはかぎりません。たとえば、病気になるとか障害をもつとか災害にあうとか倒産するとか、そんなことにとつぜん見舞われることがあって、そうなると、とたんにとてつもなく生きづらくなるというのが集団主義社会の特徴でもあります。しかし、こういう境遇になったとしても、自分は集団からの逸脱者なのだからと遠慮し、へりくだりながら生きていこうと決意すれば、集団はあるていどやさしくしてくれます。

このようにして自分の権利を強く主張せず、自己を抑えつけて生きていくことに決めれば、あるていどラクに生きていけるというのが、これまでのぼくたちの社会のありようでした。しかし、こんなふうにぼくたちが自分を抑制しながら生きているあいだに、権力をもつ人たちは、それをいいことにどんどん自分たちの欲望を増大させ、日本を世界の大国として君臨させる方向へひっぱってきました。大人たちはひたすら働かされ、子どもたちはむりやり勉強させられるようになって、大人のあいだには心身症が蔓延《まんえん》し、子どもたちのあいだには登校拒否が増大するということになって、おとなしくしていれば、ラクしていられるという思いは幻想となってしまいました。

それでも、ぼくたちのなかにしみついた集団主義志向・画一主義志向はなかなか改まることがないようです。

たとえば、最近、管理主義教育体制の象徴として論議される制服についても、考えてみると、ぼくたちのなかにある「制服志向」といったものにつきあたるようであり、そうしたぼくたちの「内なるもの」を再点検してみなければならないと思うのです。このことも、さきほど紹介した『性役割の心理』という本のなかで鋭く指摘されています。

おそらく日本は、人間を特定の「型」にはめることにおいて世界に冠たる国なのであろう。「日本は制服の着用を最後まで続ける国の一つだ。消防士や警官だけではなく、学生や労働者も制服姿である。ハイキング用のスーツやストライキ用のスタイルがある。ツッパリ・グループの男の子たちはまちがえようがない服を着ているし、落ちこぼれの女の子

――にはそれ用の服装もある」。これは、ある外国人の日本に対する鋭い指摘である。――

あーあと思ってしまいます。制服はイヤだといっていながら、一方で制服志向をもってしまっている自分を発見しちゃうから、こういう文章はつらいのです。

ぼくたちのなかにしみついたこのような集団主義・画一主義はどうしても異端者を排除する方向に作用してしまいます。それは、たとえば、保育園での障害児保育のなかでいわれる「集団保育になじむ子」というような表現のなかにも現われていると思います。

ぼくの上の娘は障害がありますが、第3話でもお話ししましたように、公立保育園へ通った経験をもっています。それはいまから十年もまえのことで、ぼくの住んでいる田無市では、そのときから公立保育園で障害児も保育するという障害児保育がはじめられたのでした。それ以前にも、たとえば、滋賀県の大津市などで障害児保育は行なわれていましたが、全国各地の保育園で行なわれるようになったのはこの十年ぐらいのことで、田無市もけっして遅れていたわけではないのです。

いまは、各自治体で「障害児保育制度」というものが布《し》かれ、それにしたがって障害児保育が行なわれていますが、その保育制度を規定するための「要綱」が定められているのがふつうです。この要綱があるために、かえってすべての障害児を保育園に受けいれることが妨げられているといってよいのです。それは、要綱のなかに「どのような障害児を受けいれるか」という規準が定められているからです。

その規準のなかで多いものに「集団保育になじむ子ども」というのがあるんです。要するに「集団保育になじむ子ども」は受けいれるけれども、「なじまない子ども」は受けいれないということなんですが、これ、ヘンだと思いませんか。ある子どもについて、保育園に入園するまえに「集団になじむ子ども」か「なじまない子ども」かを判定することができるでしょうか。

たしかに保育園・幼稚園ぎらいの子どもはかなりいます。実際には入園したてのころに登園拒否傾向を示す子どもが多く、こういう子もしだいになれて登園するようになるのですが、入園してしばらくしたのちに登園をいやがるようになる子どももいます。

たとえば、ぼくの息子・圭も、入園当初はたいへんでした。共同保育所から公立保育園へ転園したのですが、共同保育所の自由な雰囲気から公立保育園の管理的な雰囲気への変化がいやだったのでしょう。田無市の公立保育園は、お世辞ではなく、管理の少ない自由な空気をもった保育園ですが、それでも、公立であるということにともなう制約があって、あるていどは管理的にならざるをえず、それを圭はなんとなく感じとったのだろうと思います。毎日、保育園の入り口の鉄扉にしがみついて大泣きに泣いたものです。

その後、圭がほんとうに集団になじめたのかどうかわからないのですが、とにかく入園まえに集団になじむ子どもかどうかを判定することは不可能なはずだし、そんな不可能なことをあえて行なって「なじみそうもない子ども」を入園させないというのもヘンな話なのです。

保育園に入園する以前は、子どもはまだ集団というものを知らないのであり、入園してはじめて集団を知るわけですから、その後、しだいに集団になじみ、集団での生活を知っていくというのも保育園の一つの機能のはずなのです。だから、保育園へこれからはいるという子どもは、たいてい「集団になじまない子ども」として存在しているといっていいと思うのです。

けれども実際に、こういう規準によって、健常児が保育園への入園を拒まれることはありません。この規準が適用されるのは障害児だけなのです。それは健常児の場合、「入園当初はなじまないことがあっても、いずれはなじむだろう」と考えられるのにたいし、障害児の場合は、「どうやっても集団になじまないはず」と決めつけられてしまうからなのでしょう。

しかし、なじめるようになるかならないかは、保育園側がその子どもにたいしてどんな配慮をするかにかかっているのであって、じゅうぶんな配慮がなされさえすれば、どんな障害児だってなじむようになるはずです。

たとえば、車椅子の子どもが、自分の足で走りまわれる子どもたちの集団になじまないというようなことはありません。集団行動にだって参加できますが、行動の形態がちがっているということはあるでしょう。しかし、車椅子に乗っているのと、自分で走っているのとのちがい、つまり行動のかたちのうえでのちがいが集団の形成をさまたげるようなことはないのです。

「集団になじまない子ども」というような判定をする人は、きっと障害児と健常児とで一つの集団をつくるという多少、手間のかかる仕事はしたくないということなのだと思います。

整然とした集団、同質化した集団を集団のあるべき姿と思い定めている人は、見た目に異質な個人がはいってこようとするときに、その個人を集団にとって邪魔《じゃま》なもの、集団の規律を乱すものととらえるわけです。そういう考え方が「集団になじまない子ども」といった表現をさせてしまうのだと思います。

しかし、考えてみると、健常児の親だって「自分の子どもがちゃんと集団になじんでほしい。邪魔者にされないように」と願い、そのために心を砕いてもいるのでしょう。そうだとすれば、障害児の親などはひじょうにつらい立場におかれるわけで、「おたくのお子さんは集団生活にはむかない」といわれれば、「たしかにこんな手のかかる子どもは、みんなの迷惑になるだろう」と考えて、自分で身を退けてしまうことになるのもしぜんなことといっていいかもしれません。

でも、ほんとうはここで身を退けてはいけないのです。ここで身を退けていたら、この社会は「異質」な者にたいして非情で冷酷な悲しむべき社会になってしまうのだと思い定めなければいけません。自分の子どもが一回きりの生をじゅうぶんに生きていくために、親としてここで身を退けてはならぬと思うのです。

しかし、こういう覚悟は障害児の親だけがもっていればいいというものではないでしょう。ぼくたちのだれもがおなじような覚悟をして、この集団主義の支配する社会を切り崩していくようにしなければ、将来はまっ暗じゃないかとぼくは考えます。

息苦しい社会に挑戦！

とにかく、いま、ぼくたちは息苦しい社会に生きています。しかし、この息苦しさはいったんなれてしまうと、あまり実感できなくなります。

これは、じつはこわいことなのです。ほんとうは息苦しいのに、その息苦しさが実感できないという状態をずっとつづけていきますと、ある時点で耐えられなくなるということが起こりえます。一生、そういう限界点に達することなく生きていける人もいるにはいるでしょうが、意外に早く限界点に達してしまう人もいるはずです。自死する子どもなどは、きわめて早い時点で限界点に達してしまったのだと考えることもできるでしょう。彼らの鋭いアンテナが自分をごまかすことを不可能にしてしまったのだと思われるのです。

ぼくたちのうちのだれが、ぼくたちの子どものうちのだれが、早い時期に限界点に達してしまうかを予想することはできません。ぼくが、あるいはぼくの子どもが、いつ、プッツンするかはわからないのであって、それはけっして他人事ではないのです。

こういう状況を突破する方法をぼくたちは考えねばなりません。それにはまず、この社会がほんとうはとてつもなく息苦しい社会なのだということをキチンと認識することです。それはそんなにむずかしいことではありません。ぼくたちの周囲をていねいに見つめれば、そして、見たにもかかわらず、見なかったふりをしてごまかすということをしなければ、息苦しい社会であるということはすぐわかります。学校でも社会でも家庭でも、どこでもいい、まじめに見なおしてみれば、そのいずれの場所も息苦しくなっていることがわかるはずなのです。

登校拒否をする子どもや、学校にたいして反乱する子どもたちを理解するには、まずこの息苦しさの実感を共有することが必須だと思います。実感したら、つぎにはなんらかの行動をしなければなりません。

最近、ぼくはある集会で、現在の教育体制にたいして一人で起《た》って闘いを挑んでいる少年たちに出会いました。たとえば、丸刈りを強制する学校へたった一人、長髪にして通いつづけている少年、学校給食が添加物の加えられた食品を用いて作られているのがいやで、ただ一人、弁当をもって通いつづけている少年、さらには、体罰をふるう教師への怒りから中学一年生で生徒会長に立候補したところ、体育教師に妨害され、落選させられた少年などです。そのうちの何人かとはことばをかわす機会をえたのですが、彼らのなかに孤立感が存在しているのをぼくは感じてしまいました。せっかく彼らが「たった一人の反乱」にたちあがっているのに、それにじゅうぶん答えることのできないぼくたち大人への不信感が、彼らの孤立感を生みだしているようにも思われたのでした。

やっぱりぼくたちは問われているのです。いま、この世の中を変えていくために、どんな小さな発言でも行動でもいいから、口にだしてみる、あるいは動いてみるということが必要なのでしょう。こんなことをいったら、まわりの人たちにどう思われるだろうとか、こんなことをしたら、とんでもない人間だと思われるのではないかとかと気にするのは、もうやめようじゃありませんか。

パターナリズムとはなにか

今回のお話に関連して、ここで「パターナリズム」についてぼくの考えているところを紹介しておくことにします。

ところで、パターナリズムといっても、なんのことかよくおわかりにならないかたもいるでしょう。じつはこのぼくも、このことばに関心をもつようになったのは最近のことといっていいのです。障害をもった人の権利といったことについて考えはじめ、自由だとか平等だとか権利だとかいうことをもう一度、学びなおしてみようということでいろいろな本などを読んでいるときに、このことばにめぐりあったのでした。そして、めぐりあったとたん、「ああ、ぼくが問題にしたかったのはこのパターナリズムというものだったんだ」と直感したのです。それ以後、日本人が大好きだといわれるこのパターナリズムこそが、じつはぼくたちを、いま、生きにくくさせている大きな原因であろうと思うようになり、「パターナリズムを追放しよう」とあちこちで発言するようにもなりました。

今回の子育て話の講座のなかでも、パターナリズム的なものについてはおりにふれてお話ししたのですが、じつはこの子育て話全体をとおしての基調といったものはなんだと問われたら、やはり「パターナリズムの追放」ということだったろうと思うのです。

ここで、パターナリズムということばにアレルギーをおこしてしまわないで、少し読みすすめてみてください。ちょっとおもしろい話ですから。

パターナリズムはおもに法学の世界でもちいられることばのようです。法学にかんする月刊雑誌などでしばしばお目にかかります。日本語としては「温情主義」「父権主義」などと訳されていますが、これではわかりにくいですね。実際にこのことばが使われている実例をあげたうえで具体的に説明していくことにしましょう。

『法律時報』(日本評論社)という雑誌の一九八九年十一月号で「子どもの権利の今日的状況」という特集が組まれていますが、そのなかに「子どもの権利のとらえ方――アメリカ法からの示唆」(樋口範雄)という論文があります。この論文は、まず「近年アメリカ合衆国においては、子どもの権利をめぐる議論が活発に行われ、さらに議論だけでなく、実際に子どもの権利に関する事件が裁判で争われる傾向が顕著である」と書きだされ、さらに、そのようなアメリカの状況に具体的にふれられています。論文のなかほどに、子どもの権利について主張しているものの一例として、フォスターとフリードによる「子どもの権利章典」が紹介されています。この権利章典にふくまれている権利はなかなかおもしろいものなので、引用しておきましょう。

(1) 親からの愛情と指導・監督を受け、成熟した責任ある成人に成長するよう家庭的な環境の中で育てられる権利。
(2) 親の能力の及ぶ限りの扶養と教育を受ける権利。その代わりに子どもは両親を尊重する道徳的義務を負う。
(3) 家庭内でも学校でも、さらには法の前でも人間とみなされる権利。
(4) すべての権限ある者から公正な取扱を受ける権利。
(5) その主張を聞いてもらえる権利。
(6) 収入を稼ぎ、それを自らのものとする権利。
(7) 医療上の治療やカウンセリングを求め、それをえる権利。
(8) 親子関係が破綻し、虐待や放任、重大な家庭内の対立その他の重大な事由のために子どもが家を離れ、かつ親の権限を終了させることが子の最善の利益にかなうとされる場合に、その関係から独立する権利。
(9) それが必要であり、実際に子どもの最善の利益を保護するものであるということが説得力ある証拠によって立証されない限り、法律上の能力の制限を受けない権利。
(10) 法や裁判の運用において、子どもの最善の利益こそ第一次的に重要な点であるとして、特別な配慮や保護を受ける権利。

なかなかおもしろいでしょう。

さて、樋口氏は論文のなかでこの権利章典についてコメントをしているのですが、そのなかにつぎのような文章があります。

著者（フォスターとフリード）は、子どもの権利を認めることに反対したり、徐々に認めていけばよいとする考え方を「パターナリズム」だとする。

「今日、パターナリズムは過去のものとなっている。そのような考えは完全に評価を落としてしまった。『子どもは世話をされるもので、その意見をきくものではない』ということはもはやあてはまらない」

したがって、たとえば自ら医療を受ける際に、自らの判断で治療を受けるか否か、どのような治療にするかの決定をする権利があると謳われる。

ここでいわれているのは、「子どもは精神的にも肉体的にも未熟であるから、自分でいろいろなことを決定させるのはよくない。ちゃんとした判断力をもった大人である保護者や教師などが、子どもがしていいことと悪いことを決定してやればいいのだ」というような考え方は、もう古くなってしまっているということです。子どもにも判断したり、決定したりする権利を認めてやり、子どもを主体的な存在としてとらえることが必要だともいっているのです。

ここでのパターナリズムの意味は、「子どもは世話をされるもので、意見をきくものではない。大人に世話されているのが最善なのだ」というような考え方のことですが、もう少し辞書的な定義をしてみることにしましょう。

じつは、ぼくがいちばん最近だした本『健康神話に挑む』(筑摩書房)の「あとがき」部分でもこのパターナリズムについてふれていて、そこでは二人の法学者・奥平康弘さんと山田卓生さんの著書からパターナリズムの定義にあたる部分を引用させていただきました。重複するようですが、再度、引用させていただいて、みなさんに紹介しておきます。

まず奥平さんの『ヒラヒラ文化批判』(この本からは上野のペーパーバッグ・オジンの話も本書で使わせていただいてます。感謝!)のなかの一節から。

パターナリズムとは元来、一人前ではないこどもに代わって、こどもの利益になるようにいろいろと面倒をみてやる父親の心情を意味しただろう。父親がこどもに、教師が教え子に、雇い主が被用人にという具合に、純粋に私的な人間関係にとどまっているかぎりは、パターナリズムはさしあたり私の関心の外にある。問題は、国家あるいは国家の分枝組織が、他の面では一人前という前提になっている成年男女に対して、あることをなせ、あることをなすな、と強制力をもって現われてくるときにはたらくパターナリズムである。

さきほど、パターナリズムには温情主義とか父権主義とかいった訳語があてられているといいましたが、この奥平さんの文章で、そういう訳語になった理由が少し明らかになっただろうと思います。

ダメ押しに山田卓生さんの『私事と自己決定』(日本評論社)という本からの引用をつぎにかかげます。

日本においては、私的領域においても自己が決定権をもつことを嫌い、むしろ後見的に、アドヴァイスなり、命令をすることが歓迎されるとさえいえるのである。さらには、後見的な助言をしないことが「行政の怠慢」として糾弾されかねない風潮さえある。いわゆるパターナリズムである。冬山登山は危険だから禁止せよ、シートベルトは罰則を設けて着用させよ、さらには自殺予防のために何らかの方策をとれ、といった意見が一定の支持をうけるのである。しかし他方でパターナリズムは、また「お節介」「余計なお世話」だとか「権力的介入」だとして忌み嫌われるという面もある。

これに対して、英米では、自己決定権は、人間の自由の根源的なものとみとめられているといってよく、「お節介」ということばにあたるofficiousnessは決してよい意味ではなく、パターナリズムへの反感は、きわめて強い。

これでだいたい、パターナリズムというものがおわかりいただけたでしょうか。

育児も教育も医療もお節介だらけ

いまの日本の社会は、このパターナリズムにおおいつくされているようにぼくは思うのです。パターナリズムはどこにでも見られます。子育てについてももちろんみられます。

育児学の専門家と称する人たちは、「このごろの若い親は子どもの育てかたも知らない。だから、ちゃんと教えてやらなければならない。それが自分たちの仕事だ」といってはいろんな情報を親に与えようとします。あんまりいろんな情報を与えられてわけがわからなくなり、迷っている親にたいして「やっぱりこのごろの親は、子育てに自信がもてないのだ。自分たちががんばって教えてやらねばならない」とさらに情報を押しつけます。

育児雑誌だっておなじで、数えきれないほどの育児雑誌が「親の不安をとりのぞくために」ということで情報を提供するのですが、これは結局、親の不安を増大させることにしかなっていないようです。

専門家もマスメディアも、「親はちゃんと自分の頭で考えて主体的な子育てをしなければならない」といいながら、一方では、「いまは科学の時代。自分の感性だけで子育てをしていてはだめ。科学的な子育てをしなくては」などといいます。科学的な子育てなんてものを、とてもシロウトの親が一人でできるわけはありません。そこで、専門家の教えをうけなければと親は考えるようになります。その結果、専門家や育児雑誌が教える子育てをいわれるとおりにしてしまったりするのです。これは専門家たちによる親たちへのパターナリズムにほかなりません。

学校だってそうです。日本の学校はパターナリズムが跋扈《ばっこ》する場所といってもよいのではないかと思います。校則などというのもパターナリズムの現われといってよいでしょう。子どもたちを自由にさせておくと、なにをするかわからない。教師の側が衣服から頭髪から日常の行動からぜんぶきめてやらなくては、子どもはまっすぐに育たないという思いが、教師に校則をつくらせる動機になっているのです。これは子どもの決定権を認めていない態度であって、まさにパターナリズムにほかなりません。

教師の側は善意によるパターナリズムなのだからいいんだというのでしょうが、パターナリズムというものは善意で行なわれているのが特徴であって、善意だからこそ断わりきれなくもなるのです。

ところで、学校でのパターナリズムを象徴するのは「子どものため」ということばでしょう。この一言によって、子どもたちへの数限りない干渉が許される、と教師は考えているのではないかとさえ思われます。そこのところを、一九五八年から一九八〇年まで神奈川県川崎市で小学校教師をしていた村田栄一さんが、自分自身の経験をふまえたと思われるかたちで書いておられます。『教育現場事典』（社会評論社）というその本はいろんなキー・ワードを掲げて、それに村田さんがシニカルな解題をするという形式になっていますが、「子どものため」というキー・ワードについてはつぎのように書かれています。

［子どものため］

子ども自身が使うことはほとんどない。子どもが嫌がる行為、例えば、朝のマラソン、残り勉強、宿題、集団行動等を教師が子どもに強制する場合にこの言葉が使われる。「いま、これをやっておくことがオマエの将来のためになるのだから」と子どもに向かって静かな説得を試みる教師が多い。

その言葉を使うことによって教師は、強制している後ろめたさ、嫌がる子どもの表情を見ている苦痛などから解放される。自信と使命感を正当化する言葉としての意味をもっている。

職員会議でこの言葉がでると、反対するのが難しくなる。「あなたは、子どものためと思わないのですか」というような言葉が返ってくるからだ。

自信たっぷりに「子どものため」を振りかざす教師に立ち向かうのは骨がおれるし、疲れる。

「子どものため」という思いこみが子どもを苦しめている事実に気がつかない。なお悪いことに、その言葉を子どもは信用してないということにも気がついてないのだ。教師の自己満足だけがからまわりしている。

さすが現場を体験している人のことばは説得力があります。職員会議の描写など目に見えるようです。なんのてらいもなく「子どものため」といえる教師には、ちょっとこわいものを感じさせられます。

学校でのパターナリズムについてこれ以上ページを費やすのは屋上屋を重ねることになりそうなので、やっぱりぼくは、自分の分野にもどって医療におけるパターナリズムをちょっと紹介しておきましょう。

医療の世界では、学校で「子どものため」といわれるのとおなじように、「患者のため」ということばが使われます。しかし、ぼく自身はこのことばをできるだけ使わないように気をつけています。検査づけでも薬づけでも人体実験でも、みんな「患者のため」とか、もっと大きくふろしきを広げて「人類の幸福のため」とかということばによって正当化してきたことを痛感しているからです。「医者は患者の側がしてほしいと要求してくることにはきちんと答えてくれもしないくせに、頼んだわけでもないことをやたらしてくれる」ともらす患者さんがいます。

「〇〇病の早期発見のために」ということで放射線の乱照射をはじめとしてさまざまな検査が

行なわれたりしているのがいまの医療で、じつは医者はそうやって利潤をえているのですが、患者さんの側は、「わたしのためを思ってしてくださるんだから」と感謝しているのが実情です。ほんとうは、患者側はじゅうぶんな情報を与えられたうえで、自分の意志で治療法の選択ができるようになるといいのですが、日本の医療はそんな方向にはとても向かっていません。

かつて日本医師会会長としてらつ腕をふるい、「ケンカ太郎」などともいわれた武見太郎氏は、「患者というものは無知なのだから、自分で決定させるようにすると、まちがった判断をすることがある。患者はなにも知らなくていいのだ。医者がみんな決めてやるのが親切というものだ」と豪語していましたが、これこそまさにパターナリズムの典型といっていいものでしょう。

「お節介」はお節介

ところで、パターナリズムは専門家ばかりが行なうものではありません。日常の世界でも、なにげないかたちでのお節介、パターナリズムというものがあります。その一例として、「血圧を測って歩くおばさん」について考えてみましょう。(この場合、〝おばさん〟じゃなくて〝おじさん〟でもいいわけですが、あえて〝おばさん〟としたのは〝おばさん差別〟のためではなく、実際にこういうことをしていたおばさんをぼくは知っていて、一方、そういうおじさんを知らないからです。念のため。）

このごろ、シロウトでも簡単に自宅で測れる自動血圧計というものが普及してきました。だれでも自分で血圧が測れるというのはいいことですし、世の中には「白衣高血圧」といって、病院へ行き、白衣を着た人のまえにすわると、とたんに緊張して三十も四十も血圧があがってしまうという人もたくさんいますから、自宅で測れるということは、そういう点でもいいわけです。しかし、こういう道具はおのずから使い方というものがあって、道具にふりまわされるとちょっと困ります。でも、ふりまわされてしまう人も少なからずいまして、朝から晩までしょっちゅう血圧を測っては一喜一憂したりする。そういうことでノイローゼになっちゃう人もいますが、一方、しばらくそういうことをしていると、あきちゃう人も多いのですね。

あきちゃったあげく、血圧計なんか押し入れにでも入れておけば、罪がないのですが、自分の血圧を測ることにあきちゃったということからエスカレートして、近所の人を測ってあげようなんて思いつく人もいるわけです。そこで、血圧計をかかえて近所へでかけ、「血圧を測ってあげる」ともちかけます。

血圧を測ってあげるといわれた人は「あんまりうれしくないな」と思っても、なにしろ相手が善意でいってくれているのですから、断わりきれません。ここで断われないというのも、どうも日本人の特性のようです。

血圧測定のおばさんは隣人たちの血圧を測ってあげては、「あんたー、とんでもなく高いよ。

はやく病院へ行かないと、死んじゃうよ」なんて脅かしたりするんです。

しかし、「血圧というのはいろいろな条件で変動するものだから、一度だけ測って高いの低いのと判定してはいけない」というのが医者にとっては常識になっています。(でも、二回ぐらい測って、さっさとお薬だしちゃったりするルール違反のお医者さんがたくさんいることはたしかですけれど。)シロウトであるおばさんはそんなことは知りませんから、そくざに「あんたは高血圧」と診断してしまいます。いわれたほうはびっくりして夜も眠れなくなり、ほんとうに血圧もあがって、すっかり病人になるというわけです。これはお節介が病人をつくってしまうという例ですね。

とにかくパターナリズムは、基本的には「余計なお世話」として忌みきらわれるべきものだということが日本でも定着すれば、それはぼくたちのなかに、自立の精神が生まれてくる契機になると思うのです。お節介のしすぎと、それを断わりきれない、あるいは断わらせない態度、そういうものが日本人の国民性の一部をかたちづくっていて、そのことがぼくたちの精神的な自立をはばんでいるのではないか、こんな反省をしてみたいとぼくは思っています。

人に頼らないで自分で考え、自分で決定していく。そして、自分の行動がたとえ少数派であろうとも、ひるむことなく主張していく。そんな態度をぼくたち一人ひとりが身につけることになれば、ぼくたちの「権利」や「自由」にたいする感覚はもう少しとぎすまされ、そのことがこの息苦しい社会に風穴をあけることになるのだとぼくは確信してもいるのです。なるべくお節介をしないこと、そして、他人にたいしてお節介を求めないこと、それをみんなで心がけようではありませんか。

「ヘンなおじさん」になりたい

ぼくは、いま、「ヘンなおじさん」になることをめざしています。しかし、これがなかなかむずかしいのです。ヘンになろうと思っても、どこかでまともになってしまうのです。まともになるということは、結局、この社会の大勢に順応してしまっているということになるのだとぼくは思っていますから、なるべくまともになりたくないのですが、でも、そうなりがちなのです。

ぼくは、このごろ、人まえでしゃべったり、ものを書いたりすることが多くなってきましたが、紹介されるときに「りっぱなお医者さん」なんていわれてしまうと、もうしゃべる内容も書く内容もぜんぜん迫力がなくなってしまいます。ぼくの友だちの一人に斎藤次郎さんというヘンなおじさんがいます。この人は、世間では「子ども問題評論家」などと呼ばれていますが、あれは評論家なんてりっぱなものではありません。子どものための「おじさんの私設応援団」と呼ぶのがふさわしい感じで、子どもの味方として発言している人です。この次郎さんが、ある公民館の職員であるAさんをそそのかし、それで、ぼくが講演に呼ばれたことがありました。

講演の当日、その公民館へでかけてAさんに会って話をしたところ、Aさんが最初に発したのが、「次郎さんがとってもヘンなお医者さんだよって山田さんのことをいってたけど、それほどヘンじゃありませんね」ということばでした。

ぼくは「それほどヘンじゃない」といわれて、じつはちょっとがっかりしましたが、次郎さんが「とってもヘンな医者」と紹介してくださったことにおおいに気をよくして、その日の話はたいへんできがよく、迫力もあったと思っています。

ずっと以前のことですが、いまは中学一年の息子が保育園の年長組ぐらいだったころ、ぼくの育児当番の日に息子の友だちが家に遊びにきていました。その子がぼくにいきなりこういったのです。

「おじさん、ほんとうにお医者さん？」

ぼくはちょっとびっくりしながら、「そうだよ。ほんとうにお医者さんだよ。どうして？」と聞き返しました。「だって、お医者さんなら、夜までずっと仕事してるもんだよ。おじさんみたいに昼間から子どもと遊んでるなんてヘンだよ」とその子はいうのです。このときも、ぼくはうれしくなりました。医者らしい医者にだけはなりたくないとつねづね思っていましたから、「医者のくせにヘンだ」といわれてうれしくなってしまったのです。

しかし、いまのところ、ぼくは、なんとか「ヘンなお医者さん」になれただけで、まだ「ヘンなおじさん」の境地には達していません。これから「もうひと修行」しなくてはと思っているところです。

いったんヘンな人になってしまうと、気分はとてもラクになります。「ひとにヘンだと思われたくない」という余計な心配をしないですむだけでも気楽です。自分のいいたいことをどんどんいっていけるようにもなります。そして、ぼくたちの一人ひとりが、まわりの目を気にせずにいいたいことをどんどんいっていくことで、この集団主義社会・パターナリズム社会は少しずつ崩れていくことになるでしょう。それはそうとうの時間がかかることかもしれませんが、それでも、がんばってみるしかないように思います。

子育てについてもおなじようなことがいえます。どんな子育てをするかは、まずぼくたちが「自分の子どもをどんな人間に育てたいか」ということにかかってきます。「まわりの人と同調してうまく立ちまわる」という集団主義社会にぴったりの人間に育てようとするか、あるいは「自分の考えを明確にもち、正しいと信ずることをはっきりと主張し」、自分らしく生きようとする人間に育てようとするかで子育ての内容も方法も変わってくるだろうということです。

ぼくは体制順応型ではなく、人がそれぞれ自分らしく生きれる社会をつくっていけるような人間を育てるような子育てをしたいと思っています。とまあ、こんなふうにかっこよくいってみても、ぼく自身、そんな子育てなんかできちゃいないんですが、それでも、とにかく自分の子どもがやはり「ヘンな人」になってほしいとは願っているのです。

そういうおもしろい人間に子どもを育てるには、並の育児書に書いてある方法なんかにしたがっていてはとてもだめです。やはり親は個性的に生きるしかないし、そのなかで自分独自の育児法を見つけていけばいいということになるでしょう。

というわけで、ここまでながながとお話ししてきたぼくの子育て話は、けっしてみなさんに育児のノウ・ハウを伝授しようと意図したものではありません。一般には育児の専門家と考えられている小児科医の一人がこんな好き勝手な子育てをしている、そして、子育てについて、このていどに自由な考え方をもっているということがわかっていただければ、ぼくの使命は達せられたというものです。

ぼくの三人の子どもたちのうち、末の娘は、いま、小学校三年生。ぼくの子育ては、いま、しばらくつづけねばなりません。失敗したり、腹をたてたり、ときには「こんなガキ、ぶち殺してやろうか」などと人の親にはあるまじきとんでもない感情をもいだきながら、また、ときには腹だちまぎれに茶わんをぶん投げたりもしつつ、子育てはつづいていくことでしょう。しかし、それらも時がたてば、きっと楽しい思い出になるはずです。人生って、そんなものなのだと哲学者のごときつぶやきを残して、ぼくの子育て話を幕とします。ご退屈さまでした。

子育て、その後——二十年後のエピローグ

「太郎次郎社の友兼清治さんが『子育てについて書いてみませんか』と話をもってきたのは、一九八八年の秋も深まったころだったでしょうか」

この本の初版での「あとがき」はこんなふうにはじまっています。友兼さんの巧みな誘いに乗って、ぼくは月に二回、土曜の午後に東京の本郷にあった遠山会館へ足を運ぶことになりました。そして毎回、十数人の子育て中のかたたちが集まって、熱心にぼくの話を聞いてくださったのでした。本郷は学生時代をすごした街で、数かずの思い出に彩られている場所でしたから、そこへ通ってお話しできるのはとてもしあわせな気分でした。

昼食は東大正門に近いルオーという店でとりましたが、この店のカレーライスは、東京で名店といわれているカレー専門店八十軒ほどを食べ歩いたぼくがベストスリーの一つに推す名品です。このカレーを月に二度食べられるだけでもしあわせなのに、その後楽しい集いがあって、おまけにそこで話した内容を本にしていただけたのですから、重ねがさねありがたいことでした。（ルオーはいまも、四十年変わらぬ味のカレーとコーヒーを供してくれます。マスターも

やはり四十年来変わらぬ身のこなしでカレーを作り続けているのです。）

そしてこの本はみなさんに暖かく受け入れられて、二十年間読みつがれてきました。ベストセラーになった本でさえ一〜二年もすれば廃刊になることが多いといわれるいま、この本が二十年のいのちを保つことができたのは、出版社ならびに読者のみなさんのおかげと、心から感謝しています。

さて、このたび新装版を出すことになりましたので、この本の続き、つまり一九八八年からのち、二十年のあいだにぼくが経験したことや考えたことをつけ加えることにしました。「ぼくの子育て――その後」といったところです。

◉三人の子どもたちの「その後」

この本の最初のほうで紹介したように、ぼくには三人の子どもがいます。この本を出した一九八八年当時、上の娘が中学三年生、まん中の息子が中学一年生、末の娘が小学三年生でしたが、二十年の月日が流れたいま、それぞれ、三十四歳、三十二歳、二十九歳になりました。

末の娘は平穏に二十年をすごしましたが、上の娘と息子とはかなり波乱に富んだ二十年を送りました。しかし、いまは三人とも落ちついた生活になっていて、上の娘はアパートで一人暮らしをし、息子と下の娘は結婚してそれぞれ家庭をもっています。

学歴は上の娘が高卒で終わり、息子と下の娘は高卒後、看護学校と調理師学校へ行きました。

結局、三人の子どもは一人も大学へ行くことなく、そのため受験戦争ともまったく無縁でした。しかし、知的障害のある上の娘（涼といいます）にとっては、高校へ行こうとするということ自体が、ふつうにいわれる受験戦争とはちがった意味での戦いでした。そのてん末をここに書き留めておくことにします。

涼が中学二年生になったころ、彼女は学校というものにちょっと疲れていました。同級生によるいじめを受けたりしたこともあって、学校はあまり好きではなくなっていたのです。「中学を終わったらみんな高校へ行くことになるんだよ」などとぼくが話しかけても、「もう学校はいい。高校は行かない」と興味のなさそうな顔つきでいっていました。高校というところがどういうところかもよくわからないので高校のイメージが作れず、そのため興味をもてないということもあったようです。

しかし、中学三年生に進級すると、周りの同級生たちはみんな高校へ気持ちがむかうようになります。日常の会話はほとんど高校に関係するものになり、先生から配られるものも受験関係の資料になるプリントの類がほとんどのようでした。保護者にとっての行事も、学校説明会のようなものが多く、中三という時期は親子ともに高校受験一色となるのでした。涼もそういう状況がだんだんわかってきて、「高校へ行かないと仲間はずれになる」と思ったようです。「涼も高校へ行く」といいはじめました。

しかしもちろん、高校に行くには入試という関門があって、「行く」と宣言すれば行けるというものではありません。合格できるだけの点数を入試でとることが必要ですが、涼にはとても不可能なことです。中学三年生になってはいても、涼はひと桁のたし算をすることもできませんし、平仮名を一つひとつ書くことはできても、まとめて「さくら」というふうにことばを書くことができません。入試を受けてもおそらく0点と思われます。

しかし、涼には入試というものが理解できていませんし、合格・不合格という概念もありませんから、「高校に行く」と決意しさえすれば高校は受け入れてくれると思っているようでした。さあ、どうしたものかとぼくは困ってしまいました。

◉障害のある子の高校進学って？

障害児が中学校を卒業したあと、なお学業を続けようという場合は、特別支援学校（以前は養護学校と呼ばれていました）の高等部へ進むのがふつうです。小学校・中学校の時代を特別支援学校や障害児学級ですごしてきた場合は、障害児だけが集まっている特別支援学校高等部に行くことに抵抗がないかもしれません。しかし、ずっと普通学級で健常な子どもたちとともに生活してきた場合は、特別支援学校へ行こうという気になれないことが多いのです。

中学二年生のころ、涼は「高校へ行かない」といっていたということをすでにお話ししましたが、そのころぼくも「涼は高校へ行かなくてもいい」と思っていました。ちょうどこのころ開かれた〝障害児の就学問題を考える集会〟で、関西から参加していた障害児の親が、「義務教育段階で普通学級を選んだ障害児はすべからく高校入学をめざすべきだ。高校受験に挑戦しない障害児は闘いを放棄した者とみなす」という発言をしました。

このときぼくはちょっと腹を立てて、「学校ってそんなに無理して行かなければいけないところだろうか。ぼくのところへは不登校の子どもたちも相談にくるけれど、そういう子どもたちには〝学校へ行かない人生もなかなかいいものだ。学校へ行かなければいけないなんて思わないほうがいい〟といってきた。障害児が高校をめざさないことを闘いの放棄だなんていうのはおかしいのではないか」と反論したものです。義務教育である以上、障害児も小・中学校へは行く権利をもっているわけだし、地域の普通学級へ行くことだって当然選ぶ権利があるけれども、高校については入学する権利を主張できないのではないかとも思っていました。このときは受験による選抜という制度をやむをえないものと認めてしまってもいたのです。

じつはこのころ、東京では障害児の普通高校入学運動がはじまっていました。一九八五年十二月に、脳性麻痺がある金井康治くんのお母さんと知的障害がある佐野雄介くんのお母さんとが、連名で東京都教育委員会に要望書を出したのが運動のはじまりでした。要望書はつぎのようなものでした。

「東京都教育委員会は、これまでの差別的能力主義的選抜制を反省し、希望する全員の高校進学の実現に向け、その第一歩として金井・佐野両君の希望する高校への進学を実現すること」

〝差別的能力主義的選抜制を反省しろ〟という格調高い文章に目を見張る思いがします。「入れてください」などというお願い路線ではなく、それまで障害児を排除して成立してきた高校の姿勢を厳しく問うものだったのです。しかし、ぼくの目から見ると「点数をとれない子どもを高校に入れようなんて、あまりにも無茶な話ではないか」と思われました。

それでぼくは金井くんや佐野くんの運動を冷たい目で見ていたのですが、涼が高校へ行きたいといいだしたものですからちょっと困ってしまいました。涼が行きたいといっているのに、「高校なんか行かなくてもいい」などとはとてもいえなかったからです。

涼には高校一般というイメージはなく、自宅から徒歩で十分くらいのところにある都立T高校だけが高校のイメージになっていました。ですから、涼の高校へ行きたいということばは、都立T高校へ行きたいということばと同義でした。T高校は地域のなかでは偏差値が中ぐらいのレベルで、中学でそれなりの成績をとっていないと入れない高校です。そんなことをまったく知らない涼は、無邪気にT高校へ行くというのですが、それはとうてい無理なことに思えました。しかし、中学の様子を見ると、担任をはじめとしてどの先生も、涼は当然、養護学校高等部に行くと思っているようで、それならとくに進学指導もいらないというわけで、ほったらかしになっていました。

これはあとになってわかったことですが、涼の学年には高校に進学しないで就職する生徒もなん人かいましたが、この生徒たちに対してもほとんど進路指導はされていませんでした。ぼくは、就職する生徒の保護者を対象にした進路説明会にも出席しましたが、ハローワーク（当時は職業安定所といわれていました）の求人情報が先生によって紹介される程度のもので、まったく熱がこもっていませんでした。本当は、高校へ進学しない生徒については、進学する生徒以上に進路のことを考えてやるというのが、中学校のするべき仕事だと思うのですが、現在の中学校は高校進学のために一〇〇％エネルギーを費やしているようです。

そんな状況に腹が立ったので、夏休みをまえにして行なわれた三者面談の席上、ぼくは担任に「涼はT高校をめざします」といってしまいました。担任は一瞬ポカンとした顔になったあとで、「そうですか。やってみますか」と面白そうにいいました。あまりにも突飛なことで、愉快になったのでしょう。「どうせ、絶対に実現できないんだから、勝手にやらせてみてもいいだろう」といった気分ではなかったかと思います。その後、実際に涼が受験体制を組んでからも、担任は傍観するだけでなんの手助けもしてはくれなかったのですから。

◉運動に参加しながら

ともかく、「涼はT高校を受験します」といってしまったので、あとにはひけません。しかし試験で点数がとれない涼が、高校へ入学するというようなことを個人でがんばってみても、とうてい実現できないように思えました。

さいわい、そのころ東京には運動体ができていました。『障害児・者』の高校進学を実現する連絡協議会」という長い名前の運動体です。（いちいちこの長い名称で呼ぶのは大変なので、省略して〝連絡協〟と呼んでいます。以後はこの略称で書きます。）すでにお話ししたように、東京では一九八五年以降、佐野くん・金井くん二人の高校入学運動がはじまっていました。最初、二人の運動は連帯して行なわれていましたが、運動方針の違いから二つに分かれることになりました。そして金井くんの運動のなかから、連絡協という運動体がうまれたのです。（金井くんは一九八七年、二度目の受験で都立高校全日制に合格しましたが、佐野くんは六年間闘ったけれど入学を果たせませんでした。）

ぼくは連絡協に加わって涼の高校入学をめざすことにしました。連絡協はすでに、入試当日の障害児に対する数かずの〝配慮事項〟をかちとっていました。これらはすべて金井くんの受験に際してかちとられたものですが、具体的にはつぎのようなものでした。

①文字表・ワープロの使用、②時間延長（一・五倍）、③本人が信頼する介助者の同席、④記述解答を選択方式に変更する、⑤介助者による代筆。

金井くんは脳性麻痺で車椅子生活をしており、自分で字を書くことができず、ことばもほとんどしゃべれません。それで、自分の意志を表わすには文字表を指でさす方式をとっており、介助者がそれを読みとってことばにしてしゃべり、周囲の人に伝えるのでした。そういう金井くんが受験をするには、文字表やワープロを使わねばなりません。こういう方法で回答すればとても時間がかかりますから、ふつうの試験時間内には回答しきれない可能性があります。そこで、ほかの子どもの一・五倍の時間をかけて回答していいという了解を東京都教育委員会との交渉でかちとったのです。

また、障害がある子どもにとって長い文章を書くことは大変ですから、記述式で回答する問題を選択肢で回答する問題に変更するという画期的な配慮も行なわれるようになりました。金井くんのように手が不自由な人は、答案用紙に回答を書くこともできませんから、代筆してくれる人が必要ですが、代筆者についてもらうことも認められました。

こんなふうに、受験時の配慮はいろいろされるようになっていたのですが、点数をとれる学力がなければ、こうした配慮も意味をなしません。「障害児にも普通高校へ行く機会を与えよ。点数がとれないということだけで高校という場から排除するな」と連絡協は都教育委員会に要求して交渉を続けていましたが、高校の門はかたかったのです。

そして、受験の時期が来ました。涼は介助者についてもらって受験したのですが、不合格でした。受験しさえすれば高校に入れると思っていた涼は、不合格の意味がよくわかりませんでしたが、ぼくや母親が説明してようやく、「T高校の生徒になることができない」ということはわかったようです。しかし、涼のT高校へ行きたいという思いはなくなりませんでした。もう一度、試験を受けてがんばるというので、ぼくたちも応援することにしました。

そして涼は結局、T高校を三度受験することになりました。三度とも不合格でしたが、その間《かん》、ぼくたちは連絡協とともに「こんなにT高校へ行きたがっている涼の思いをT高校は受けとめて、入学させてほしい」と要求しつづけました。

◉選択肢を奪われている現実

「点がとれないのに入学させろなんて要求するのは理不尽だ」と、かつて思っていたぼくも、「高校は障害のある子どもも受け入れるべきだ」という考えに変わっていったのです。変わっていった理由はいくつかありました。

まず一つめに、高校は事実上〝義務教育化〟しているということがあります。

高校進学率は、高度成長期といわれる一九六〇年代に急上昇しました。一九六〇年には五九・八％だった進学率は、一九七〇年に八二・一％になったのです。八二・一％も進学するようになったら、これはもうほぼ義務教育といってよいくらいで、ここで高校全入になってもよかったと思うのですが、受験制度は維持されました。一九七一年以降、オイルショックなどもあって景気の上昇がなかった時期にも進学率は上がり続けて、一九七九年には九四％に達しました。ほぼすべての子どもが高校へ行くようになったのです。こういう状態になったとき、高校へ行けない、あるいは高校へ行かない六％ほどの子どもは大変です。中卒という肩書きをもっている人は偏見や差別の目で見られることになるのです。「高校へ行けなかったということはなにか特別の理由があったにちがいない」と勘ぐられてしまうこともあるでしょう。九四％の進学率になったら、「どうしても高校へ行きたくない」という子ども以外は希望者全員入学とすべきです。制度として全入というかたちにするのには時間がかかるなら、それまでの過渡期的な措置として、入学を熱望している障害児などは受け入れるべきだと思うのです。

二つめに、障害のある子どもは、学校以外の場所では健常な子どもとともに生きる機会がほとんどなく、そのことが障害をもつ人への世間の偏見や差別を招いているということです。

日本の現状をみますと、この国で障害をもってうまれた子どもは、うまれてすぐにその後の一生がきまってしまうことが多いのです。多くの障害児がたどる人生はつぎのようなものです。

乳幼児期に障害をもっていると診断された子どもは、訓練を受けるために通園施設へ通います。そして学齢に達すると、特別支援学校や障害児学級に通います。義務教育を終わったあとは特別支援学校の高等部に入学するか、作業所に通うか、施設に入所するかのいずれかを選択します。もちろん、障害といってもいろいろあります。たとえば視力障害や聴覚障害などがある人は、知的なレベルが高ければ大学への進学なども可能ですし、肢体不自由や知的障害があっても、軽度なら特別支援学校卒業後に大学へ進むことができたりもします。しかし、重い知的障害の子どもなどは、訓練施設→特別支援学校→作業所・施設というきまりきった道を歩むことになります。この道を歩むことになると、障害をもっている人は一生、障害をもっている人どうしのつきあいだけに終わることになります。

◉学校こそが、ともに生きる経験の場

障害をもつ人が〝自由な生き方〟をめざすとき、もっとも大きな壁になるのは世間の偏見や差別のまなざしです。このことについて考えてみましょう。

障害をもつ人が健常な人たちの生活圏に踏み込んでいかないで制限されたテリトリーの範囲内で生活しているかぎり、世間のまなざしは暖かいといえます。わかりやすい例をあげてみましょうか。学校の運動会で障害児学級の子どもたちが演技をするとき、健常児やその親たちから〝感動の拍手〟がわき起こるのがふつうです。これはあくまでも、健常児が障害児と別のところにいるという健常者の側の安心感からうまれるやさしさ、暖かさだとぼくには思われます。もしこの障害児たちが、障害児学級を離れて普通学級に籍を置くことになったとしたら、運動会のときと同じように大きな拍手が起こるとは思えません。「障害児が普通学級に入ってきたら、そのクラスはどうなるのかしら」と不安になる保護者もいるでしょうし、「障害児は障害児学級で勉強するほうがいいのじゃないかしら」と発言する保護者も出てくるでしょう。

健常者という共通性で構成することによって秩序や平和が保たれていた集団に、障害児という異質な子どもたちが入ってくることで混乱が起こり、集団の平和が乱されるのではないかと不安になる人が出てくるということです。

たとえば、ある地域に障害者の施設や作業所などがつくられようとすると、地域の住民が「地域が脅かされる」という得体のしれない理由で反対運動を起こしたりする例は、実際によくみられますね。こうした、〝障害者の受け入れを拒否する姿勢〟の背景にあるのは、健常者の側の「障害者はこわい」「障害者はなにをするかわからない」といった漠然とした不安であったりするのですが、そうした不安こそが偏見であり差別でもあるのです。

そしてさらに、こうした不安をうみだすものがなにかと考えると、障害者と生活をともにした経験がないことだといえます。子どもの時期に障害児とともに生活した経験をもてば、成人してからも障害者に対して偏見をいだくことが少なくなると思います。乳幼児は、障害をもっている子どもに対しても「変わった子どもだ」といった気持ちをもつことはないでしょう。偏見をもったり差別の感情をもったりすることもないように思われるのです。こういう時期に障害児とともに生き、それが学校時代へもひきついでいかれれば、健常な人と障害者のあいだの壁である偏見や差別はうまれてこないと思うのです。

学校という場所は「世の中にはいろいろな人がいる」ということを知る場所であり、「そういういろいろな人が、たがいに助けあい学びあって生きていくにはどうしたらいいか」という術《すべ》を学んでいく場所でもあるとぼくは考えています。それでぼくは、小・中学校にせよ高等学校にせよ、いろいろな子どもがいるのがいいと思いますし、もちろんそのいろいろな子どものなかには障害児もいるべきだと思って、障害児の就学運動をすすめてきたのです。

小・中学校で健常児とともに学び、ともに生活し、それが当たりまえの生きかたと思ってきた子どもは、義務教育を終えたあとも健常な人たちとともに生きることを願うでしょう。しかし、そのような場所は学校以外にほとんどないのです。いや、就労できる少数の子どもたち以外は、まったくそういう場所がないといっていいでしょう。作業所や施設では、健常者といえば職員だけで、同じような年齢の〝友人としての健常者〟とともに生活することは実現しないのです。涼が願ったのも、同年齢の若者たちと十代の若者らしい生活をすることだったはずで、そういう願いを実現するには高校へ行くしかなかったのです。

まだまだここには書き尽くせないほど、「普通高校は障害児を受け入れるべき」とするたくさんの理由がありますが、簡単にいえば「就学率が九〇数パーセントになっている現状で、高校はすべての子どもが入れるようにするべきだ」というのがぼくの願いです。

◉三浪のすえ全日制高校に入学！

話をもとに戻して涼のことになりますが、三年間の浪人生活のあいだに自主登校もしました。しかし、T高校の門は開きませんでした。（自主登校というのは、涼と支援者とが毎朝、T高校の門前へ行き、「この高校へ入りたい」というビラをまいたりしてアピールするものでした。ぼくたちはこれを一年半続けました。この自主登校の様子を写した写真が、太郎次郎社発行の『子どもと病気』にのっています。）

三年も浪人すると、涼の日常の生活もちょっとつらくなってきました。同年代の子どもたちと同じ場所で学びたいと願ってきましたが、中学時代の同級生はもう高校を卒業していってしまいます。

T高校以外に入学できそうな高校をさがすことになりました。このころ、連絡協は東京都教育委員会に「都立高校は、入学試験で志願者が定員に満たなかった場合は全員を合格とする」

という指導をする約束をとりつけていました。これは画期的なことでした。本来、入学試験の受験者が定員に満たなかったら（これは定員割れといいます）、無投票当選みたいなもので、全員が合格になるのが当然ですが、実際には不合格者が出されているというのが全国的な状況です。一定の点数をとっていないと校長の裁量で不合格とされてしまうわけで、これは定員内不合格と呼ばれています。東京都では教育委員会が、「定員割れしている場合は、たとえ点数が0点の子どもでも合格とし、全員を入学させるように」とすべての都立高校へ通達しているので、定員内不合格はほとんどなくなっています。（ときどき、知的障害の子どもは高校に入るべきでないと考える校長が、通達に逆らって定員内不合格を出すことはありますが。）

涼はT高校への三度目の受験で不合格となったあと、都立K高校を受験しました。都立K高校は一次募集で定員に満たなかったため二次募集を行なったのですが、二次募集でも定員に満たなかったので、涼も合格しました。ようやく春がめぐってきた涼でしたが、K高校は自宅から電車を乗り継いで一時間半以上かかるところにありました。ぼくたち両親やボランティアの人たちが交代で介助につきながら大変な思いをして通学しましたが、涼はK高校がだんだん好きになっていきました。

涼が好きになったとはいえ、K高校はあまりにも遠すぎます。ぼくたちは都教育委員会に交渉して、家から近いT高校への転校運動をはじめましたが、これもかないませんでした。いろいろ考えたすえ、涼のためにK高校の近くにアパートを借り、そこからK高校へ通うことにしました。てんかんの発作があり、とくに夜間に発作が起こることが多い涼には、アパートで一緒に寝泊まりしてくれる人が必要ですが、これもボランティアの人たちが交代で協力してくれました。

涼は高校生活を十分に楽しんでいました。もちろん、授業の内容はまったく理解できないのですが、それでも学校生活を楽しめるのです。学校では禁止されているポケベルを持ち歩いたり、学校帰りに友だちと一緒にコンビニでウーロン茶をのんだりと、そんななにげなく〝若者らしい〟生活を楽しんでいました。たとえば、幼い子どもは大人と一緒に生活していますが、生活は大人のペースで進められています。自分に話しかけられることば以外、大人どうしの会話の内容はほとんど理解できません。しかし、子どもはそんな生活を楽しんで生きているようです。同じように涼も楽しく生きているのです。

◉点数主義と闘いながらの卒業

しかし、高校では進級という問題があります。試験で点数がまったくとれない涼は単位をとることもできず、したがって、ふつうに考えれば進級できないことになります。でも、涼はがんばって高校へ通っています。涼なりに一生懸命、勉強しているのですから進級させてほしいと高校へ申し入れをしました。しかし、この願いはなかなかかなわず、涼は一年生を四回くり返すことになりました。

多くの高校は、同一学年を二回くり返してなお進級できないときは、進路変更するように（進路変更というのは退学と同じことです）すすめるので、一年生を三回以上くり返す生徒はいません。しかし、進路変更をすすめられても「進路変更しません。この学校に残ります」といえば、高校側は強制的にやめさせることはできないのです。K高校が大好きだった涼は、やめるつもりはまったくありませんでした。それでぼくたちは涼の後押しをして、「こんなに学校が好きでがんばって登校しているのだから、その努力を認めて進級・卒業させてほしい」と高校に要求しました。

点数がとれないのに進級なんてありえないというのが高校側の主張で、その壁はなかなか突破できませんでした。しかし、四回目の一年生を終えたあと、涼は二年生に進級することになり、さらにその翌年には三年生になって、その三年生を終えるとめでたく卒業したのです。入学から六年という長い歳月が流れていましたが、この卒業は画期的で、一部の新聞に報道されたほどでした。涼の進級・卒業が果たされたのには、何人かの先生の努力がありました。なかでもK先生は、涼の卒業後も東京都高等学校教職員組合のなかで障害児の問題をとりあげ、運動を続けられるというほど涼のことに関わってくださいました。

K先生は、涼が三回目の一年生となった年に、ほかの高校から異動してこられました。それまで障害をもつ子どもとの関わりなどまったくなかったK先生でしたが、K高校へこられるとすぐに、「どうしてこの涼という生徒は留年を続けているのだろう」と疑問をもたれたのです。

また教員たちが、「涼がいることで学校が迷惑している」と口ぐちにいいたてるのにも疑問を抱かれたようです。過去三年間の職員会議議事録などにもあたられ、K高校の涼への対応に憤られ、そして翌年は涼の担任になってくださいました。障害児が普通学級や普通高校に入ったとき、クラスの子どもたちの対応は担任の先生の態度によって変わります。先生が障害児を受け入れる態度を示せば子どもたちは、障害児にやさしく接しますし、先生が拒否的ですと子どもたちも障害児につらく当たったりするのです。K先生は涼の四度目の一年生から三年生までずっと担任を続けてくださいましたが、この三年間は涼にとって、十五年間の学校生活（小・中で九年間、高校で六年間）のうちでも、もっとも楽しい時間でした。それまで長いあいだ、学校と闘ってきたのも、このK先生に出会うためであったようにもぼくには思われました。

こうして涼は、都立高校の全日制を正規に卒業しました。涼より一年早くS高校に知的障害の伊部朝子さんが入学していましたが、七年間の高校生活のあと、涼と同じ年に卒業しました。朝子さんがともに闘っているということが、涼やぼくへの大きな励ましになってくれました。

涼の楽しかった高校生活を後続の障害児たちにも経験してもらいたいと思って、ぼくはいまも障害児の高校入学運動を続けています。

◉子どもとともに生きる、ときに闘いながら

涼はいま、かつて通ったK高校からさほど遠くない場所で一人暮らしをしています。一人暮

らしといっても、知的障害があって左手が麻痺し、さらにてんかんもある涼が家事をしたりするのは無理です。それで、二十四時間、介助者がついての自立生活です。

生活保護を受け、年金などを使って生活費に充てていますが、一週間全部の時間の介助者のお給料分は出せません。それで週末は、実家であるぼくたちの住居に帰ってきてそこですごします。結局、アパートでの生活は週五日間ということになりますが、この五日間、涼はまったく気ままに暮らしています。外出することもあれば、まる一日アパートでごろごろしていておく気に入りのビデオをくり返し見ていることもあります。年数回、大のひいきの氷川きよしのコンサートを見に行きますが、その日を心待ちにして「きよしのビデオ」をあきずに見ている日もあります。こういう気ままな生き方が、知的障害をもつ人には得られにくいのです。

脳性麻痺や筋萎縮性側索硬化症《きんいしゅくせいそくさくこうかしょう》（ＡＬＳ）といった身体障害の人の場合は、自立を果たし気ままな生活を享受している人も多いのですが、知的障害の人たちの多くは家庭や作業所、施設などできまりきったスケジュールのもとに規則正しくきまじめな毎日を送っていることが多いのです。安全は確保されるけれど、あまり自由のない生活を送っています。

涼の場合、介助者はギリギリのところまで、涼のすることに口出しをしません。涼は自分の部屋に新聞の折込チラシや空いたペットボトルを積み上げたりするのが好きで、一見ゴミの山に見えることもありますが、介助者は「かたづけよう」とはいいません。涼はまた風呂ぎらいですが、介助者は見るに見かねたときに初めて入浴をすすめる程度です。

そんな生活を楽しんでいるので、実家へ帰ってきているあいだは、親の「ああせい、こうせい」の小言がうとましいようで、「お母さんやお父さんはうるさい」といいます。確かに、三十四歳にもなる涼にああせい、こうせいというのは子ども扱いしている証拠といわれてもしかたのないことで、反省させられています。

涼のはなしが長くなってしまいましたが、ともかくぼくの子育ては終わりました。

今年になって、一月に息子のところに男の子がうまれ、七月に下の娘のところに女の子がうまれて、半年のあいだに二人の孫に恵まれることとなりました。いまは孫に好かれるおじいちゃんになりたいと努力している最中です。

一か月ほどまえ、息子から「然（孫の名前です）、三十九度の熱が出て一日中ぐずっております。食欲もいつもの半分くらいかなあ、とまあ、そんな感じです。一応報告まで」とメールが来ました。ぼくはすぐに「然、見せにいらっしゃい。中耳炎の可能性はあるなあ」とメールを返しました。日ごろ患者さんには「赤ちゃんも生後三か月をすぎたら、熱が出たからといってあわてることはない。しばらく様子を見ていてよい」などといっているのに、孫となるとこのざまです。でも言いわけをするようですが、然の診察をしたかったのではなくてただ会いたかったのです。ぼくの家から歩いて十五分ぐらいのところに息子たちは住んでいますから、呼べばくるだろうと思ったのでした。

しかし、息子はぼくのメールも無視し（中耳炎かもしれないというおどしにものらなかったのです）、然を見せにきませんでした。そして二日後、然の熱は自然に下がりました。三十九度の熱の赤ちゃんを診療に連れてこない息子はえらいと思いましたが、息子夫婦は二人とも看護師でもあるので、そのプライドもあったかもしれません。

ともかく、「育児書まで書く小児科医とは思えない赤ちゃん扱いのぎこちなさ」を笑われたりしながら、これからは孫に遊んでもらう日々をすごしたいと思っています。

いま、だんだん住みにくい世の中になっています。これからの時代を生きていかなくてはならない子どもたちは大変でしょう。

子どもたちの苦労を少しでもへらしてやることができたらと願って、ぼくもいま少しのあいだ、世の中をよくする闘いなどに協力していきたいと思っています。

子育てとは子どもとともに生きることであり、しばしば子どもとともに闘うことであるのかもしれません。しかし、その闘いも、あとでふり返ってみればよい思い出であり、「自分はよく生きた」と思わせるものになってくれたりもします。

いまは、子どもとともに生きられるしあわせを十分にあじわってください。

二〇〇八年八月　　猛暑のなかで　　山田　真

子育て

みんな好きなようにやればいい

一九九〇年一月十五日　初版発行
二〇〇八年十月一日　新装版・第一刷発行
（通算第二十刷）

著者……………山田　真
装丁……………平野甲賀
扉イラスト…趙　淑玉
発行所…………株式会社太郎次郎社エディタス
東京都文京区本郷四—三—四—三階　〒一一三—〇〇三三
電話　〇三—三八一五—〇六〇五
ＦＡＸ　〇三—三八一五—〇六九八
http://www.tarojiro.co.jp/
印刷・製本…壮光舎印刷（本文）十厚徳社（装丁・製本）
定価…………カバーに表示してあります。
ISBN978-4-8118-0726-3 C0036

［著者紹介］

山田　真（やまだ・まこと）

〝手づくり医療〟をめざす町のお医者さん。一九四一年、岐阜県美濃市に生まれ、実家も医者で、真さんは十代目。保父さんの経験もある三人の子の父親。一人には障害がある。夫婦別姓の共同生活で家事も育児も分担。八王子中央診療所所長。「障害児を普通学校へ・全国連絡会」の世話人をつとめるほか、医療被害者運動、障害児（者）の運動、公害闘争などにもかかわる。
著書・共著書に『はじめてであう小児科の本』『びょうきのほん』『おねしょの名人』（以上、福音館書店）、『手のかかる子の育て方』（筑摩書房）、『育育児典』（岩波書店）、『小児科ＢＯＯＫ』Ⅰ・Ⅱ（ジャパンマシニスト社）、『子どもと病気』（太郎次郎社）ほか多数がある。雑誌『ちいさい・おおきい・よわい・つよい』（ジャパンマシニスト社）の編集代表もつとめる。

●太郎次郎社エディタスの本●

子どもと病気 ようこそ、ワハハ先生の診療室へ

山田 真

ワハハ先生の診療室から、病気と子どもとその家族をめぐる、とっておきの二十話をお届けます。登場人物のお母さんやおばあちゃん、そして、ワハハ先生の楽天病が伝染したら、子どもの病気にもあせらず、気がつけばふだんの子どもとの関係も変わります。……●四六判上製・二八〇ページ●一七四八円＋税

こじれない人間関係のレッスン 7daysアサーティブネス

八巻香織

自分の望むこと、相手にしてほしいこと。断わりたいこと。そんな気持ちをどう伝える？　キレたりへこんだりせずに、相手のことばをどう聞く？　肯定的な関係をつくるための方法がアサーティブネスです。「キレる」「タメる」「コモる」癖に気づいて、しなやかなステップへ。……●A５判並製・一六〇ページ●一九〇〇円＋税

迷走する両立支援 いま、子どもをもって働くということ

萩原久美子

「家庭と仕事の両立支援」とは、誰のための、何のためのものなのか——。格差と少子化。共働き家庭の増加。「両立支援」の掛け声とは裏腹に、仕事と子育ての狭間で苦悩する三十〜四十代の女性たち。百人を超える母親に取材、制度と現実のミスマッチを描きだす。……●四六判上製・三〇四ページ●二二〇〇円＋税

車イスからの宣戦布告 私がしあわせであるために私は政治的になる

安積遊歩

上野千鶴子さん評……車イスの障害者、あの安積さんが赤ちゃんを産んだ。これは未来にのりだした家族の冒険だ。このなかには少子対策への答えのすべてがある。障害をもった家族に必要なことは、ふつうの家族が生きていくのに必要な、あっけにとられるほどあたりまえのこと。……●四六判上製・二〇〇ページ●二〇〇〇円＋税